ラグビーは3つのルールで熱狂できる

ラグビー解説者
大西将太郎
Shotaro Onishi

The Ultimate
Guide
to Watching
Rugby Games

ワニブックス

はじめに

ライターの福田はスポーツ好きの28才。学生時代やっていた野球が一番好きだが、サッカーもバスケも、スポーツはなんでも観るタイプだ。そして最近特にラグビーが気になっている。なにやら今年、日本でW杯がひらかれると聞いたからだ。ラグビーと言えば、２０１５年W杯の南アフリカ戦は観ていて、プチハマりした時期もあったのだがその後が続かなかった。でも、今年は間近で世界トップレベルの試合が観れる、またとないチャンス。もう一度熱狂できたら。そんな福田のもとにひとりの先生があらわれた――。

福田　はぁ〜、やっと久しぶりの休みだ〜。ゆっくりテレビを観るのも何週間ぶりだろ。お、ラグビーの日本対ニュージーランド戦［※1］？　五郎丸（ごろうまる）ブームのときはちょっと観てたけど、やっぱりわからないことが多いんだよなあ。

大西　……何がわかりませんか？

福田　びっくりした!!　えっ？　あなたは誰ですか⁉

大西　はじめまして。ぼくは大西将太郎といいます。2007年W杯フランス大会にも出場し、日本の連敗記録［※2］を止めた立役者として有名です。

大西将太郎

福田　えっ自分で有名って言っちゃった！　でもすごい。何でそんな人がこんなところに？　あっ、もう試合終了か。えっ31対69！　結構点入れられたなあ。

※1…2018年11月3日、東京スタジアムで行われた。

※2…予選グループ3連敗で迎えた最終カナダ戦。キッカー大西将太郎がラストプレーでむずかしい角度のゴールキックを決めて「サヨナラ引き分け」に。95年、99年、03年、過去3大会の全敗を含む連敗を13で止めた。

大西　まぁ、ニュージーランドは世界一強いチームですからね。こんなもんですよ。

福田　ユニフォームが黒いから、「オールブラックス」って言うんですよね。素朴なギモンなんですけど、ニュージーランドって何でラグビーがこんなに強いんですか？

大西　ニュージーランドにとって、ラグビーは国技。何よりもラグビーというスポーツが文化として、国に根付いているんです。昔の日本の野球にあたるスポーツが、ここではラグビーと考えるとわかりやすいでしょう。ちなみにオールブラックスのキャプテンは、ニュージーランドの首相よりも有名と言われているんですよ。

福田　そんなにラグビー選手の知名度は高いんですね。じゃあ、日本全国に野球場があるように、ニュージーランドもいたるところにラグビー場があるんですか？

大西　そうですね。やっぱり芝生がいっぱいあって、ボールさえあればどこでもできる環境ですね。

福田　ぼくらが草野球をする感覚でラグビーをしているんですね。

大西　地域のクラブもたくさんあって、小学生の頃からラグビーに親しんでいます。

日本と世界との差は？

福田　小学生から？　日本ではだいたい高校くらいからですよね？

大西　大多数はそうでしょう。でもぼくの地元・大阪はラグビーが盛んな土地柄でちょっとだけニュージーランドに近いかもしれません。小学生のラグビースクールもありますし、中学校でもラグビー部が結構あるんですよ。とはいえ、やはり日本とニュージーランドでは、小さい頃からボールに触れている時間が圧倒的に違う。その差ですね。彼らは楕円球を意のままに操れる。

福田　確かにニュージーランド、ハイライト観てもパス上手い！　キックも

南アフリカ戦

完璧にコントロールしてる。なるほど、そこの経験値が違うんですね。でも、日本も世界ランキングは10位前後なんだ。健闘している方ですか。

大西　サッカー日本代表の世界ランキングが30〜50位くらいなので、それと比べるとかなりいい位置にいるように見えます。でも、加盟協会の数がそもそも少ない[※3]んです。ラグビーをやっている地域はごく一部。そこは冷静に見る必要があります。

福田　じゃあ1位のニュージーランドとの差は10位くらいだけど、実際の実力差はかなり大きいんですね。

※3…加盟協会の数は100程度。ちなみに現在の世界ランキングの最下位は105位のアメリカ領サモア（2019年8月時点）。

大西　はい。しかし日本代表は、2015年W杯の南アフリカ戦で「スポーツ史上ナンバーワンの大番狂わせ」を成しとげました。その試合以降、各国が日本を警戒してるのは間違いない。日本も着実に力をつけてきています。

福田　ニュージーランドを倒せる可能性はあるということか。ぼくもあの2015年W杯の南アフリカ戦は大興奮して観ましたよ。何か急にあのときの熱が戻ってきて……。そう言えば今年は日本でW杯なんですよね？　大西さん、こうやって出会ったのも何かの縁です。ぼくにラグビーのいろはを教えてください！

CONTENTS

Chapter 3 試合の攻防の流れを理解する～守備編

CONTENTS

CONTENTS

【動画の視聴について】

本書には実際の試合映像へとリンクした二次元コードが10個掲載されています。
ぜひお手持ちのスマホなどで、迫力の映像をお楽しみください。

・視聴期限は2019年11月末日までとなります
・映像は下記トップリーグの3試合のものです（提供：J SPORTS）
　2018年12月15日順位決定戦　神戸製鋼対サントリー
　2018年12月8日順位決定戦　ヤマハ対サントリー
　2017年9月2日 第2節　　　ヤマハ対サントリー

Chapter

1

ルール・ポジションを
ざっくり学ぶ

基本ルールは3つだけ！

福田　ラグビーのわからなさって、なんと言ってもルールのわからなさなんです。

大西　そうですよね。やっぱり他の競技に比べて細かいルールがたくさんあるのは否めません。その上ルールがコロコロ変わる[※4]。だからそのすべてを完璧に把握する必要はないですよ。プレーしている選手たちですら、完璧に理解している人はいないんじゃないかな。

福田　えっ！　そんな感じなんですね？

大西　そうなんです。なので安心してください。ここでは3つ、これだけは最低限知ってほしいというものに絞って説明しましょう。これらのルールはラグビーという競技の本質を知る上でも大切です。まず1つ目は「前にボールを投げてはいけない」（スローフォワード）。

福田　それは知ってます！　だから、平行にパスするんですよね。

※4…安全性や、競技スピード向上の観点から、ラグビーのルールは頻繁に改正される。

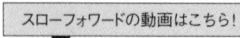

スローフォワードの動画はこちら！

大西　そう。ラグビーはボールを横、もしくは後ろに渡していきながら、前に進むという一見、理不尽なスポーツなんですけど、そこがラグビーの特徴ですね。ボールを一発で前に運ぶにはキックしかないんです。

福田　確かに。よく考えたら、めちゃくちゃ矛盾してますね。

大西　2つ目は「ボールを前方に落としてはいけない」（ノックオン）。よくある場面としては、「味方からのパスを落とす」「相手からタックルされ、落とす」「キックで飛んできたボールをキャッチし損なって落とす」などがありますね。

福田　よくポロポロして試合が止まるのはこれですね。あっよく考えたら2つとも「前にプレーする」ことを禁じる、という共通点がある。

大西　おっいい視点です。そして、最後の3つ目は「ボールより前にいる人はプレーできない」（オフサイド）。つまり、ラグビーは「ボールが自陣の一番前にあるスポーツ」と言うことができます。わかりやすくたとえると、自分のチームと相手のチームの間に、常にボールがある状態。ボールが〝サン

ノックオンの動画はこちら!

オフサイドの動画はこちら!

ドウィッチの具〟みたいに挟まっているイメージですね。

福田　なるほど。徐々にラグビーの全体像が見えてきた気がします。

大西　しっかりと頭に叩き込んでもらいたいのは本質的なこの3つのルールぐらい。あとは無理に覚える必要はありませんからね。重要なのは流れを理解することです。

イエローカードがあるよ

大西　危険な反則の代表格としては「胸から上のタックル」（ハイタックル）があります。ただ「胸から上」のジャッジは微妙で判定がレフリーによって結構わかれます。

福田　でもよっぽど危険だと、サッカーのようにレッドカードも当然ありますよね？

大西　もちろん。悪質な反則は一発退場です。ほかにもサッカー同様、イエローカードもあって、ラグビーの場合、一時的に10分間の退場になります。それを「シンビン」といいます。

英語で「sin」（罪）＋「bin」（小型の容器）という言葉を組み合わせた造語で、「罪（反則）を犯した選手が入る場所」といったニュアンスでつけられた名称だといわれています。イエロー2枚で、レッドカードになるのはサッカーと同じですね。

福田 一時的に退場するのは、アイスホッケーの「ペナルティボックス」と似てますね。

大西 そうですね。意味合いはほぼ一緒です。

福田 ほかにシンビンはどんなプレーでとられますか？ 大西さんが現役のときはどんな反則でとられたんでしょう。

大西 いろいろなケースがありますが、ぼくが選手時代とられたうちのひとつは「反則の繰り返し」ですね。チーム全体で同じ反則を繰り返すと、最後に反則をした選手がシンビンとなります。でも、これはちゃんと事前に予防線があって、反則が続き始めるとレフリーが「次、誰か同じことしたらシンビン出すよ?」などと口頭で教えてくれるんですよ。

レフリーの手に注目するといいことがある

福田　えっなんか親切（笑）。

大西　ラグビーのレフリーは、「ジャッジ」するというよりも試合を「コーディネート」する役回りなんです。事前に「これをしたら反則だよ」って言ってくれるレフリーなんて、ほかのスポーツではあまりないですよね。

福田　確かに。なんかめっちゃいい先生みたいです。

大西　だからラグビー選手はレフリーをとてもリスペクトしてます。レフリーと会話できるのも基本キャプテンだけ。レフリーは、「コーディネーター」として、状況をしっかり見ながら、数ある反則をさばいて、試合をつくっていく大事な役目なんです。レフリーの動きは要チェックですよ。

福田　そうか……これまで完全にボールの動きに気をとられていました。

大西　反則だって、いま何の反則だったのか。じつは全部レフリーが説明してくれているんです。笛が鳴ったあと、手でちゃんと反則のジェスチャーしていますよ[※5]。あとは、手の「高さ」にも注目です。真横にサッと伸ばしたらアドバンテージ[※6]、ちょこんとこぶしを突き出すとフリーキック、真上に腕を伸ばすとペナルティ。かなりざっくりとした説明ですが、初心者の方は手の上がる角度に比例して重い反則になる、ということはぜひ覚えておきましょう。

福田　ひえ～そんな意味があったなんて。レフリーの手はラグビー観戦の超重要ポイントなんだ！　注目してみようっと。

まずは、FWかBKか

福田　ルールの次に、試合を観てもよくわからないのは、ポジションのこと

※5…「スローフォワード」であれば、ボールを前に投げる素振りをする、「ノットリリースボール」であれば文字通り、ボールを胸から離さない素振りをする。

※6…P113～参照。

なんです。スクラムを組む、キックを蹴る、トライを目指して突っ走るなど、何となく役割分担されているのは、わかるんですが。まずポジションについて、基本的なことから教えてください！

大西　わかりました。まずはメンバー15人のうち、前陣8人がFW（フォワード）、後陣7人がBK（バックス）と呼ばれ、大きく2つに分けられます。

福田　サッカーだとFWが「攻撃」、DF（ディフェンダー）が「守備」と役割分担されていますけど、ラグビーも同じイメージと考えていいですか？FWが攻撃で、BKが守備的な。

大西　ラグビーは全員が攻撃にも守備にも参加するので、サッカーの分類とは少し違いますね。

FWの主な仕事は、スクラムやラインアウトなどのセットプレーに加わり、ボールを奪ったりプレッシャーをかけること。一方のBKは、FWが確保したボールを攻撃に結びつけてトライ（得点）に持っていくのが仕事です。

福田　大雑把にわけると、セットプレーに参加するのがFWで、セットプレーに参加しないのがＢＫということですか？

大西　そうですね。それが明確な違いです。さらに、ＦＷは大別すると３種類、ＢＫは５種類のポジションにわかれ、全部で８個。それぞれの理解の仕方ですが、ここでは、スクラムなどセットプレーのときの配置に従って〝列〟として捉える［※7］とわかりやすいでしょう。

福田　えっ、８個でいいんですね？　15人いるから15個覚えないといけないかと戦々恐々でした。では、早速解説お願いします！

身体が大きくパワフルなＦＷ

大西　ＦＷから順番にいきますね。１列目の背番号１番、３番の選手はＰＲ（プロップ）、２番の選手はＨＯ（フッカー）といいます。この３人は最前列でスクラムを組む役割を担い、特に左右のプロップは身体の大きさ、パワーが求められ、フッカーはスクラムの動きをコントロールする技術が必要にな

※7…P34の図参照。

ります。

福田　まさに防波堤のような存在ですね。ここが崩れると、ボールの支配権は相手に握られっぱなしみたいな。

大西　そう、地味だけど大事なポジションですよ。プロップという英単語の意味は「支柱」です。「防波堤」もいいですね！　続いて2列目の背番号4番、5番はLO（ロック）というポジション。キックオフ[※8]やラインアウトの際、ボールをキャッチするという役目を担い、長身の選手でなければなりません。また巨体を活かした突進でチーム全体の士気を鼓舞するといったプレーも、ロックの選手の特徴です。

福田　確かに観ていて、ガタイのいい選手が相手のタックルもお構いなしに猪突（ちょとつ）猛進するシーンは、興奮しますね！

大西　3列目の背番号6番、7番はFL（フランカー）というポジションで、積極的にタックルを仕掛けて、相手チームのボールを奪うことが大きな役目。パワーとスピード両方兼ね備えている選手が必要とされます。現在日本代表

※8…試合の各ハーフ開始時、トライがあった後、または、延長時間の開始時のリスタート。フィールド中央からボールを保有する側が、ドロップキックで再開する。

のキャプテン、リーチ・マイケル選手がこのポジションです。

福田　おお。リーチ選手！　こないだ観たイングランド戦[※9]でもすごいプレーしてたな〜。

大西　ちなみに「フランカー」のもとの英語「フランク」は翼という意味。チームに勢いを与えるリーチ選手のプレーぶりと重なりませんか？

同じく3列目の背番号8番はNO8（ナンバーエイト）というポジション。タックル、突進、BKとの連携プレー……あらゆるプレーが求められ、総合的な能力が必要とされます。スクラムでは最後尾に位置し、前7人のFWをまとめて指示も出さなければなりません。

福田　なるほど。NO8は、ちょっと古いけどサッカーの中田英寿（ひでとし）的な、なんでもできるプレーヤーということか。ここまでの話をまとめると、FWは「身体が大きくて、パワーのある選手が多い」ということで大丈夫でしょうか。

大西　まずはシンプルにそう捉えてみましょう。

※9…2018年11月17日、トゥイッケナム競技場で行われた。

点をとるために試行錯誤するBK

福田　FWのことはだいたいわかったので、次はBKのポジションについて教えてください！

大西　まず4列目の背番号9番はSH（スクラムハーフ）、5列目の背番号10番はSO（スタンドオフ）というポジションになります。スクラムハーフは、密集やスクラムからボールを素早く、司令塔的存在であるスタンドオフにパスし、攻撃のリズムをつくるのが大きな仕事です。

そしてスタンドオフは、パス、ラン、キックなどあらゆるパターンを想定し、その状況に応じて、ベストな選択をしなければなりません。ちなみに日本では「スタンドオフ」ですが、海外では「ファイブエイス」（5／8）と呼ぶのが普通です。

福田　スクラムハーフはパスの技術、スタンドオフはラグビーIQが必要なんですね。「ファイブエイス」って響きがかっこいいな。

大西　「ファイブエイス」ぜひ、ラグビー通になった暁には、うんちくとして広めてください。6列目の背番号12番、13番はCTB（センター）といいます。スタンドオフからのパスを受け、自ら相手陣に切り込んだり、また外のウィングの選手などにパスを出したり、チャンスを広げるのが仕事です。

福田　機転が利かないといけない上に、スピードも要求されますね。

大西　その通りです。次は、7列目の両端に位置する背番号11番、14番はWTB（ウィング）というポジション。チームで必死につないできたボールをトライにまで持っていく役目。巧みなステップで相手のタックルをかわし、ひとりで走り切る、スキルとスピードが求められます。

福田　ウィングはサッカーにもあるので知っていました！　かっこいいですよね。

大西　最後の8列目は、2015年の象徴的存在だった五郎丸選手のポジションのFB（フルバック）。ここは守備の最後の砦であり、攻撃の最終ラインでもあります。さらには、陣地を獲得するためのロングキックを相手陣に蹴り込む能力が必須になります。

福田　五郎丸選手って一番後ろのポジションだったのか。意外。ＦＷに比べれば、ＢＫは「スリムでスピードがある選手」という理解で大丈夫でしょうか？

大西　そうですね。ただ、当然ですがＢＫも十分鍛えてますけどね。

福田　ですよね。しかし、全体を振り返ってみると、野球みたいに背番号でポジションがわかるのは案外気づきませんでした。それぞれの役割を理解した上で、実際の試合を観るよう心がけます！

エースポジションはどこ？

福田　でも、そのなかでもエースポジションは、どこになるんですか？

大西　逆に、どこだと思いますか？

福田　う〜ん、さっきの話も踏まえるとリーチ・マイケル選手のポジションのフランカーとか？　あとはトライをとるウィングとか？

大西　たしかに両方とも重要なポジションであることに間違いはありません。でも、結局ラグビーは全員で力を合わせるスポーツ。リーチ選手の豪快な突進はプロップの献身的なサポートに支えられていたり。ウィングの独走トライは、相手ディフェンスをひきつけたセンターのナイスパスから生まれていたりする。全員がエースなんです。

福田　なるほど。ひとりがいくらすごくても、周りの協力がなければ絶対勝てないスポーツですもんね。

大西　〝One for all All for one〟という有名な言葉があります。福田さんも耳にしたことがあるかもしれません。

福田　どこかで聞いたような、聞いてないような……。

大西　「ひとりは、みんなのために。みんなはひとりのために」。〝one〟を「人」ではなく「勝利」とする解釈もありますが、いずれにせよラグビー精神をよく表している言葉です。ラグビーは、15人がそれぞれしっかり仕事をこなして、勝利というひとつの目標に進むスポーツ。それがほかの球技にはない魅力なんですよね。

福田　独特ですね！　ぼくは野球が好きですが、野球の場合はピッチャーの存在がどうしても大きいですもん。

ポジションの壁は溶けつつある

福田　ただ、個々に役割が決まっているとは言っても、あらゆるプレーに対応できる選手がたくさんいれば、強そうですね。

大西　その通りです。現代ラグビーもパワー、スピード、テクニックのどれか特化したひとつのスキルだけでなく、選手としてトータルの能力が求められているんです。

福田　何でもこなすオールラウンドプレーヤーが15人揃ったら、最強ですね。

大西　確かにオールラウンダーとしての動きができる選手が増えると、チーム全体のレベルは上がります。スクラムを組んで、ＢＫにパスを出すまでは、決まったプレーの流れですが、混沌とした状況になればなるほど、ポジションの差はなくなっていきますから。

福田　昔と比べてポジションの垣根がなくなっている？

大西　なくなってきていますね。それぞれのポジションで求められる強い武器、プラスアルファの能力が必要になっています。いま全体的な流れとして、スピーディーな連続攻撃を仕掛ける傾向が強くなってきています。現代ラグビーでは1番から5番のタイトファイブと呼ばれる選手たちの運動量が勝負の鍵を握っていると言っても、過言ではありません。セットプレーの強さは最低条件として、です。

福田　ＦＷの選手もＢＫのような走力を求められる。選手はキツいでしょうけど、観てる方としては試合展開が速くなることで、より変化があって絶対面白いですよね。ラグビーは日々、進化しているんですねぇ。

「キャプテン」の仕事は分散化

大西　進化していますよ。「ポジションの垣根がなくなっている」という話では「キャプテン」というポジションもそうです。

福田　ほう……というと？

大西　監督が試合中、選手に直接指示ができないラグビーでは、キャプテンに大きな権限が与えられています。監督の意をくみながら、選手たちに指示を出す。そしてレフリーとの交渉もする。これまでは、その役目をひとりの圧倒的カリスマ性を持つ選手がつとめていましたが、現在は複数の選手に分散させる流れになっています。

福田　こうして聞くとラグビーのキャプテンって大変そうだな。キツそうだから仕事をシェアするのはいいですね。ビジネスの働き方改革でも、そういう流れがあるし。

大西　社会全体の流れとも通じますよね。結局、ぼく自身の選手経験を振り返っても、キャプテンひとりに任せきりになるチームはあまりいい結果が出ない。逆に、世界最強といわれるニュージーランド代表などは分散化が進んでいるんです。
「リーダーシップグループ」というのをつくって、複数の選手たちが、監督の戦術・戦略を他の選手たちに伝えている。あるいは、その逆で選手たちの意見を上に伝えたりする。エディー・ジョーンズHC率いるイングランド代表も、キャプテンのポジションに、数人の選手を置いています[※10]。

福田　へ〜強いチームほど、分散しているっていうのが面白い！　ラグビーのポジションって奥が深いです。

※10…イングランドの場合はフッカー、ロック、スタンドオフなどに配置している。

●ポジション一覧

FW
1列目
1 プロップ
2 フッカー
3 プロップ
2列目
4 ロック
5 ロック
3列目
6 フランカー
7 フランカー
8 ナンバー8
BK
4列目
9 スクラムハーフ
5列目
10 スタンドオフ
6列目
12 センター
13 センター
7列目
11 ウィング
14 ウィング
8列目
15 フルバック

Chapter 2

試合の攻防の流れを理解する～攻撃編

攻撃の起点・セットプレー

スクラム

●スクラム

大西　実際の試合の流れを解説していきましょう。まずは、攻撃から。ちょうどさきほどポジションのところで、「セットプレー」という単語も出てきましたし、ここからいきますか。

福田　FWが参加するプレーですよね。

大西　はい。セットプレーは攻撃の起点で、制圧できればその後の攻撃を有利に進めることができる。反対にここで相手からプレッシャーを受けるとなかなか得点がむずかしくなってしまうのです。

福田 なるほど。攻撃の基盤という感じか。具体的には、どんなプレーがセットプレーと呼ばれるんでしたっけ。

大西 種類としてはスクラムとラインアウトの2つですね。どんなときに行われるかと言えば、ゲームが中断した後の仕切り直しの場面です。ざっくりと、スクラムはハンドリングエラーやペナルティの後[※11]、ラインアウトはボールがタッチラインから出た後に行われるプレー、ととらえましょう。

福田 じゃあ、まず何となくわかるようでよくわからないスクラムからあらためてどんなプレーか教えてください！

大西 スクラムは両チームが組み合ったトンネルの真ん中に投げ込まれたボールを巡って、両チームのFW全員がひとつになって押し合う、8人対8人の力比べです。攻撃側はスクラムを押すことで、反則を誘うことができたり、ディフェンスラインを下げその後の攻撃を有利に進めることができる。守備側は反対にうまく押し切れば、ボールを奪うこともできる。

福田 いかに押すか、いかに押されないかの攻防ですね。テレビとかで観る

※11…ペナルティから攻撃側はスクラムのほか、ラインアウト、ペナルティゴールなどのオプションを選ぶことができる。

と、こう言ってはなんですがスクラムでグズグズしているイメージがあるんですが……。

大西　スクラムって、一見地味です。でもそこでのひと押しがその後のプレーに大きく影響を与えるんです。ぜひ目をこらして観てください。

●ラインアウト

福田　ではもうひとつのセットプレー、ラインアウトの解説お願いします！あの組体操的なやつですよね。

大西　絵面は似てますね。他のスポーツのプレーでたとえるならば、おそらく一番わかりやすいのは、サッカーのスローインですね。ただ、サッカーは好きなところにどこでも投げられますが、ラグビーの場合、両軍のFWが1mの間隔をあけて一列に並び、ボールを列の間にまっすぐ投げなければいけません。なので、ディフェンス側のチームでもボールをとる大きなチャンスなんですね。

ラインアウト

福田　さっきのスクラムもそうだけど、お互いイーブンな状態で争うんですね。

大西　そうですね、常に相手と組み合った状態です。そこがラグビーのセットプレーの特徴と言えるかもしれません。

　さて、ラインアウトでボールをとるジャンパーは、チーム内で高身長の選手がつとめます。ボールを投げるスロワーはフッカーの選手がつとめることが多いですが、チームごとに柔軟性があって、背が高い選手が投げる場合もあります。

　スクラムは人数が8人と決まっていますが、ラインアウトはボールを投入する側が何人参加するのか決定権があり、ディフェンス側がそれに合わせる[※12]のが面白いところです。

※12…ラインアウトに並ぶ際に、相手チームが「何人?」とラインアウトに参加する人数を確認する光景がよく見られる。

福田　へ〜攻撃側が決められるんだ！

大西　３人か、８人か、はたまた10人以上か。ラインアウトにどれだけ人数をかけるのか[※13]も駆け引きのひとつです。そして攻撃側は相手にボールをとられないようにあらかじめサインを使って、誰が、どのように動いて、どの位置で飛んでキャッチするか決めているのです。

福田　野球でもキャッチャーが次にどの球種を投げるか、ピッチャーにサインを出しますけど、それに似ていますね。

大西　ただ、ラグビーはラインアウトに参加しているＦＷ全員に伝えなきゃいけないので、実際に声を出すところが違います。でも、基本は同じですよ。

セットプレーは攻撃チャンス

福田　スクラムもラインアウトもゲーム再開のためのプレーという役割もありつつ、重要な攻撃のチャンスなんですよね。

※13…少人数の場合はＢＫに素早くボールが展開され、人数が多い場合はそのまま固まってモールが形成されることが多い。

大西　そうです。スクラムを組んでいるときは、相手のディフェンスラインの人数が通常よりも少ない状態なので、相手陣のスペースが広がり、攻撃のチャンス。ラインアウトでは、さきほど説明したように参加人数が攻撃側に選択権があり、様々な攻撃オプションをつくることができるのです。

福田　「スクラムとラインアウトを制するものはラグビーを制す」みたいなことですね！

大西　どこかで聞いたことがあるような気がしますが……。そう言っても過言ではないほど、ラグビーの基本でありながら、勝負の鍵を握るプレーです。

福田　そうかぁ。これからはもっとスクラムとラインアウトに注目して、試合を観るようにしようっと。でもスクラムについては、もう少し具体的な観方がわかるといいんだけど……。

大西　スクラムに関しては後でスペシャルゲストを呼んで解説しましょう！

得点の手段と種類を整理しよう

大西　次にラグビーの得点方法を整理しましょう。ラグビーで点が入るのは、

①トライ[※14]

②ゴールキック

の2種類。

そしてトライには「通常のトライ」（5点）と「ペナルティトライ」[※15]（7点）の2つがあり、「ゴールキック」にはトライのあとのコンバージョンキック（2点）、相手の反則によって得られるペナルティゴール（3点）、そしてドロップゴール（3点）の3つがあり、全部で5つあります。まあ「ペナルティトライ」はひとまずは忘れていただいて構いませんよ。

福田　ほうほう。こうして聞くと結構ありますね。最後のドロップゴールが気になります。これってなんですか？

大西　ドロップゴールは、インプレー中にボールを地面に落とし、跳ね返り

※14…ちなみに「トライ」の語源は〝Ｔｒｙ　ａｔ　ｇｏａｌ〟。「ゴールキックへの挑戦権が得られますよ」という意味。

※15…「認定トライ」ともいう。「守備側の反則がなければ得点だっただろう」というシチュエーションで認められる。キックはなしで自動的に7点が加えられる。ゴール前でディフェンスの反則が続いた場合に起こりやすい。

を蹴って、ゴールキックを成功させた場合、得点が認められるゴールです。プロの試合でも、試合中1回もないこともザラ、という珍しいプレー。しかし、W杯のようなハイレベル国同士のぶつかり合いになると、ディフェンスが固くなかなか正攻法では点をとることがむずかしくなる。そこで飛び道具的にドロップゴールを狙うシーンも多くなってきます。ドロップゴールが大一番での勝敗をわけたりもする[※16]ので、これは覚えてほしいですね。

福田　じゃあW杯で見られるかも！　でも、ラグビーの基本的な攻め方としては、やっぱりトライを狙うんですよね。

大西　その通りです。まずはトライを狙う。そこで相手のディフェンスが固かったり、あるいは「3点でいい」という場合に、ペナルティゴールやドロップゴールなどで得点を狙っていくという順番です。

※16：代表的な例は2003年のW杯決勝。オーストラリア対イングランドは延長戦に突入する死闘に。イングランドのスタンドオフ、ジョニー・ウィルキンソンが劇的なドロップゴールを決めてサヨナラ勝ち。

トライをとるためには逆算して何が必要?

福田　得点方法は「トライ」か「ゴールキック」の2つしかないことはわかりました。それでは攻撃の基本戦術を教えてください!

大西　「トライをとる」という第一目標から逆算して考えてみましょう。トライをとるためには、ボールを持って相手陣に攻め込みトライラインを超えなければなりません。じゃあ「ボールをキープしつつ前進する」ためには何が必要か?

福田　うーん……ふつうに攻撃しても跳ね返されそうだし。ラグビーってディフェンスがズラって揃ってるじゃないですか。

大西　そうです。相手のディフェンスが整備されているところに無策に攻撃すれば、たちまち行く手を阻まれボールを奪われてしまいます。

福田　なんとかしてディフェンスを乱せればいいよね。単純だけど穴を見つけるようにするとか?

大西　いい発想です。そして穴は見つけるのではなく、つくりましょう。そのためにディフェンスラインを狭めたり、広げたりするのです。

福田　なるほど。縮めれば、外に穴があく。広げれば、内に穴があくということでしょうか。

大西　そういうことです。攻撃側はそのために、

①ラン
②パス
③キック

という3つのオプションを駆使します。たとえばまっすぐ強いランナーを当てて、ディフェンスを集めて縮める。次の攻撃でパスをつないで外に展開して広げる。またキックを相手ディフェンスの奥に蹴って、ディフェンスラインを〝縦に〟広げる、といった具合です。

福田　3つのオプション……じゃんけんの手のみたいだなあ。

大西　じゃんけんというのはいいたとえですね。相手の陣形を見ながら手を

変えていき、ディフェンスをストレッチしていく。このような基本的な戦術をベースにした上で、各チームは自分たちの強みをいかした作戦を考えているのです。

ボールを持った選手を孤立させてはダメ

福田　ふんふん。試合を観るときは、攻撃側はディフェンスを縮めようとしているのか、広げようとしているのか。3つの手をどれを使うか、ということに注目してみよう！

大西　最初はなかなかむずかしいかもしれませんが、徐々にわかってくるはずですよ。あと大前提として攻撃側が気を使っているのは、「ボールをキープしつつ前進する」の「キープ」の部分。

福田　せっかくディフェンスの穴を見つけて前進しても、ボールを奪われてしまえば、元も子もないですよね。

大西　そのためにボールを持っている選手を孤立させないでしっかりサポートして攻撃するんです。たとえば、ボールを持っている選手が相手のタックルで倒された場合、周りに味方が少なかったら、そのまま奪われてしまいますからね。

福田　やっぱりラグビーは、どんなスポーツよりもチームワーク、チームプレーが大事なんですねぇ。ちなみにキックはどう考えればいいですか？

大西　確かにキックは陣地を前に進める代わりにいったんボール「キープ」を放棄してしまう形にはなります。自陣ゴール前など危険な局面ではキック以外選択肢がない場合もあります。ただ、日本代表の戦術でもあるのですが、「ボールの再獲得を目指すキック」というのもあります。これも頭の片隅に入れていただけるとうれしいですね。

キックの種類と効用

福田　ラグビーってキックを使う場面が結構多いですよね。大西さんもラグビーの攻撃オプションとして、ランやパスの次に挙げていました。でも一口にキックといってもいろいろ種類があるじゃないですか。どうやって使い分けているんでしょうか。

大西　ラグビーは「フットボール」と名前がつくだけあって、足でボールを扱うことが多いスポーツです。確かにキックの種類も様々ありますが、決して複雑ではありませんよ。目的や決まりごとに、整理してみてみましょう。まず直接ゴールを狙うキックです。

福田　あっいきなりすごいシンプル……前に話してもらった[※17]ドロップゴールとかがこれ？

大西　そうです。ほかにもトライ後のコンバージョンキックやペナルティゴールもありますね。

※17…P43参照。

福田　ポールの間を狙うやつですね。前回W杯では五郎丸選手がバシバシ決めてた印象があります。

ペナルティゴールはトライ以上の破壊力？

大西　特にペナルティゴールは現代ラグビーでは、トライにかわる重要な得点手段になり得ます。テストマッチなど、試合のレベルが上がれば上がるほど、基本的な攻め方として、序盤はペナルティゴールでコツコツ点数を稼ぎ、相手にプレッシャーをかけていく戦術が有効になります。

福田　でも、ペナルティゴールってたった3点ですよね？　それぐらいじゃプレッシャーにならなくないですか？

大西　もちろん3点だけでは、トライを1本とられただけですぐ逆転されてしまいます。でも3点を積み重ねることができれば、ボクシングのジャブのようにじわじわ相手にダメージを与えることができます。ラグビーの場合、

「9点差」をつけることができれば安全圏といわれますが、そのためには3回ペナルティゴールを決めればいいのです。

福田 9点差……そうか、1トライ1ゴール＝7点でも届かない点差だね。

大西 試合序盤でまず9点差をつけて、相手を焦らせて精神的なプレッシャーを与える。そして、そのスキを突いてトライを狙い、さらに点差を広げる。これがテストマッチレベルでは理想的なゲーム展開と言えるでしょう。さらにペナルティゴールのいいところは、仮にゴールが外れても相手ボールのドロップキックでプレーが再開、そのボールをしっかりとまた確保できれば敵陣でプレーができる。つまりまた攻撃が続けられるのです。

福田 なんとなくキックって地味で消極的なプレーというイメージがありましたけど、精神的に優位に立てるという意味でかなり攻撃力があるんですね。

大西 ちなみにぼくも日本代表ではゴールキックを任されていたことがあったのでよく練習していましたよ。そして次の区分けが直接ゴールを狙わないキック。これは、ゲームの流れの中で陣地を前に進めたり、ボールの獲得するために蹴るキックです。

福田　気になっていたのはこれです！　どんな種類がありますか？

大西　一番よく使われるのがパントキック。手から放したボールを直接蹴って、相手エリアの深いスペースを狙い、効果的に陣地に進入することができます。これはロングキックで距離を稼ぐ目的。ですが、これ以外にもＤＦの頭を少し越える程度のショートキックも結構使われますね。

福田　自分でちょこんと蹴り上げたボールを追いかけて、そのままキャッチするやつですね。時々見るけどあれかっこいいよな～。

大西　ほかにも自分だけでなく、味方と敵にボールキャッチを競わせるコンテストキックというのもあります。これは相手チームにボールをとられたとしても、すぐにタックルを仕掛けられるのでターンオーバーできる可能性もあるのです。たかーく上げるのでハイパントとも呼ばれます。

福田　なるほど。どっちに転んでも、チャンスはあるわけか。

大西　その通りです。２つ目は、地面を這うようにボールを転がすグラバー

パントキックの動画はこちら!

ハイパントの動画はこちら!

キック。攻撃の際、相手ディフェンスの裏に出すことが多いキックですね。現在の日本代表もこのグラバーキックを多用しています。

福田　野球でいうゴロですね！　不規則に変化するボールをうまくキャッチして、そのままトライを決めるのは選手も観客も爽快感がありますよね。でも、あれってちゃんと狙ってるものなんですか？

大西　もちろん！　ボールの跳ね返りもすべて計算してますよ。もちろん全部が思い通りにいくことはないですけどね。ただ、不思議と日ごろ努力している人の手に転がってくるもんなんですよ。

福田　ふ〜ん。そういうものなんですかねぇ。

パワープレーが特徴的な南アフリカ、ロシア

福田　攻撃の基本的な戦術について教えてもらいました。大西さんはその上で、各チーム「自分たちの強み」をいかした作戦を考えている、と言ってい

ましたね。そこをもう少し詳しく教えてください！

大西　大きくタイプわけするとすれば、ＦＷを攻撃の軸にするか（ＦＷに強みをもつか）、ＢＫを攻撃の軸にするか（ＢＫに強みをもつか）ですね。

福田　なるほど。まず、ＦＷが攻撃の主体になるチームはどんな作戦をとるのか、代表チームを例に教えて下さい！

大西　パスよりも体格をいかした、前へ前への突進が増えていきます。またゴール前では、ＦＷが一体となって、モールやスクラムを押し込んでトライを狙っていきます。最初に触れたセットプレーの強さが前提条件ですね。こうしたチームは、２０１９年のＷ杯に出場する国でいうと、南アフリカやロシアなどが該当しますかね。

福田　おっ南アフリカ！　前回のＷ杯はすごかった。確かに２ｍ級の選手がゴロゴロいた記憶がありますね。ロシアも何となくデカい選手が多そうなイメージです。実はまだ見たことないんですが……。

大西　確かにぼくにとってもロシアは謎が多い存在です。なかなか表舞台にあらわれず、情報が少ないんですよ。しかし、こないだの試合[※18]を観る限りでは、かなり極端な攻撃の戦略をとっているチームでした。

福田　ほうほうどんな？

徹底的なキック攻撃をしかけたロシア

大西　キックを蹴ってタックル、そしてFWの強い接点への働きかけでもう一度ボールを取り返す。ボールを再獲得する方法が明確なチームでした。W杯までにスキルを向上する時間がないので、自分たちができることを最大限にやり切ろうという姿勢が印象的でした。日本はキックパスからトライをとられるなど苦しめられました。

福田　キックパスってかっこいいな！

大西　ロシアのラグビーはわかりやすく、初心者でも観ていて面白いラグビーと言えるかもしれません。

※18…2018年11月24日、グロスターで行われた日本代表とのテストマッチ。

多彩なパスで相手陣を攻略する日本、オーストラリア

福田　では、次はＢＫが攻めの中心になるチームを教えてください！

大西　ＢＫが攻撃の軸になるのは、ほかのチームと比べて、ＦＷの体格が見劣りするという理由も正直大きいのです。直接的なコンタクトを減らし、パスを多く使って、ディフェンスラインを広げながら穴を突いていきます。

福田　なるほど。「強みをいかす」もありますけど、「弱みをかくす」という面もあるんですね。体格に劣る、日本はこのタイプ？

大西　まさしくです。ほかにはオーストラリアも日本に似たタイプ。日本と同様、ほかの強豪国に比べるとややパワーで劣りますが、かわりに素早いパスを何度も繰り返して、相手のディフェンスラインを崩し、その空いたスペースを抜いて、トライを目指していきます。

福田　へぇ〜。オーストラリアと日本の攻め方は似ているんですね。

大西　まとめると、ＦＷが攻撃の中心になると必然的にパスの数が少なくな

る。一方、ＢＫに展開すれば当然パスの数が多くなります。なので、「パスの数が多いか少ないか」が、攻撃パターンの違いに表れてきます。

福田　パスの数を気にして試合を観るだけでも、それぞれのチームの違いがわかるんですね。

現代ラグビーは総合力の勝負

大西　とはいえ、戦術を2つにキッパリわけられるほど、単純じゃないのがラグビーです。特に現代ラグビーは、総合力が求められますから。現に世界最強のニュージーランドは、ＦＷ、ＢＫどちらの攻め方もバランスよく、オールマイティにこなします。

福田　強いチームは、やっぱりどちらの攻め方もできるんですねぇ。

大西　そうですね。特に年々、極端にＦＷがゴリゴリ押し込んだり、ＢＫ展開だけを繰り返して攻めようとするチームは減っています。同じプレーばかりやっても、守る側も対策は立てやすい。ディフェンスシステムも進化していますから。

福田　でも、さっきのロシアなんかは極端なチームなんですよね？

大西　はい、そういう意味では、現代ラグビー界ではなかなか珍しい存在です。日本はしっかり研究してW杯本番で、絶対勝たなければいけません！

福田　なんか急にロシアの試合観たくなってきた。弱点見つけられるかな〜。

Chapter 3

試合の攻防の流れを理解する〜守備編

〝ギャップ〟をつくらないことが基本

福田　これまでは主に攻撃側から見てきましたけど、そろそろディフェンスについても知りたいです！

大西　そうですね。ラグビーをより楽しく観るためには、攻撃側だけでなく、当然守る側が何をしているかも知ることが大切ですね。

福田　早速ですけどディフェンスの基礎からお願いします！

大西　それではキーワードをいくつか紹介しながら解説していきます。まず、ラグビーのディフェンスの基本的な考え方として、どんなチームであってもＢＫのディフェンスラインは真横に一直線に並ぶ陣形をとる、ということを頭に入れてみてください。これはわかりますよね？

福田　ひとりでもディフェンスラインを乱したら、スペースができて、そこが穴になるからですよね？

大西　その通りです。これをラグビーでは〝ギャップ〟といいます。たとえば、ディフェンスラインが揃わず〝くの字型〟になっていたりすると、スペースができてしまい、簡単に抜かれてしまう危険性が出てきます。つまり、ディフェンス側にとって、ギャップができているのは危険な状態なので、いかにギャップをつくらないかが重要になってくるのです。

福田　でも一直線に並べばいいんでしょ？　そんなにむずかしくない気が…

大西　確かに相手がいないノープレッシャーの状態であればむずかしくありません。しかし試合の流れで、攻撃側に食い込まれたときなどは、ディフェンスが戻りきれなくなり、ラインが乱れてしまうのです。またさきほどお話ししたように攻撃側は、ラン、パス、キック、あらゆる手を使ってラインにゆさぶりをかけます。そうならないためにはまずはしっかり相手を前でとめること。そして味方同士で声をかけあってコミュニケーションをとる必要があります。

福田　やっぱりラグビーはチームワークが大事なスポーツなんだなぁ。

相手を〝ノミネート〟できているか？

大西　あとはぜひ〝ノミネート〟もぜひ覚えてほしい用語ですね。

福田　映画で「日本アカデミー賞ノミネート作品」とかはよく聞きますけど、スポーツでノミネートという言葉は初めて耳にしましたよ。

大西　たしかにテレビ解説などで出てくることはないかもしれませんが、グラウンドレベルの選手たちはひんぱんにこの言葉を使っています。〝ノミネート〟という単語は、「指名する」という意味合いがあります。つまり、ノミネートとは、自分の相手が前にいるか、誰を止めるべきか指名＝確認することを指します。選手たちは、「○○見た！」などと相手選手の名前を呼び、それを味方に伝えつつ、ディフェンスラインを整えていきます。

福田　テレビで観戦しているとき、ディフェンス側の選手が何か言ってるなぁとは感じていましたけど、ちょうどノミネートをしていたのかもしれないですね。

大西　選手たちは試合中いろいろな声をかけあっているものですが、当然ノミネートの相手を確認している場合もあるでしょう。むずかしいかもしれませんが、観戦の際にディフェンスの選手の口の動きに注目するというのもありかもしれません。

福田　ああ読唇術があれば、楽しそうなのに！

大西　それはテレビ解説者としてぼくも身につけたいくらいです（笑）。ところで、なぜノミネートをするかといえば、ラグビーの攻防では数的有利をつくり、数的優位をつくられないことが重要だから。つまり、ノミネートは、相手の攻撃側の人数に対して、ディフェンス側が足りているのかどうかの確認作業なのです。

福田　なるほど〜そんな意味合いもあったのか。

大西　あとはノミネートの順番も大切です。ボールのある場所＝ラックに近い方から順々にノミネートするのがセオリーなんです。

福田　ふむふむ。常に大声を出して、味方に状況説明しないといけないから、ディフェンスも大変ですね。

ポジションの〝ミスマッチ〟は超危険！

大西　続いて、もうひとつ忘れてはいけないのは〝ミスマッチ〟ですかね。

福田　あっ！　これはバスケットボールとかでも言いますよね。要するに体格差とかスピード差のことですよね。

大西　その通りです。ポジションの特性で分が悪い相手が自分の前にいる状態のことをミスマッチといいます。わかりやすい例を挙げると、一番外側のディフェンスにプロップなど比較的足が遅い選手がついているときに、ＢＫなど比較的足が速い選手が対面し抜いていくシチュエーションですね。

福田　たしかにプロップの選手は体は大きいけど横の動きは苦手そうだから、ウィングの選手とかにステップを切られるとひょいと抜かれちゃうのかな。ラグビーだとＦＷなど体の大きい選手のほうが、不利になってしまうんですね。

大西　それがミスマッチの典型例と言えるでしょうね。でももちろん体の大きい選手が有利になるミスマッチもありますよ。

福田　おっありますか。デカいＦＷがバーンとぶちかますとき？

大西　正解。密集近くのＦＷの選手の突進を、スクラムハーフが止めなければならない場合などです。そうしたマッチアップだと体重差が数十キロあったりします。これだとどんなに相手の芯を捉えた、いいタックルをしても力負けして押し戻されてしまうことがあるんです。

福田　たしかにスクラムハーフは小さい選手が多い[※19]ですもんね。

大西　だからスクラムハーフにはなるべくタックルさせないというチームもあるぐらいです。

福田　へ〜そういう割り切り方もあるんですね。

大西　そうです。この場合はスクラムハーフはディフェンスラインには並ばず、ラックの後ろに下がって、指示役やラインを割られた際のカバーリングに徹します。

※19…同ポジションで日本代表の田中史朗選手、流大選手はともに身長165センチ。

福田　ミスマッチをそもそもつくり出さないという考え方か。でも、ディフェンスラインに入らないということはノミネートできる守備側の選手がひとり減るということですよね？

大西　なかなか鋭い！　だから攻撃側の人数が多いピンチの局面では、スクラムハーフもディフェンスラインに入ったりしますよ。数的不利とミスマッチ、どちらをとるか。ここはバランスですね。

福田　そこも判断があるわけか。

槍で突くか、網を広げるか…

福田　ディフェンスラインをしっかりつくることが基本だとしても、状況に応じて、守り方もいろいろバリエーションが出てきますよね。たとえばバスケットボールだったら、ゾーンプレスとかいろいろディフェンスシステムがありますけど。ラグビーもそういう名前がつくシステムってあるんですか？

大西　もちろんラグビーも様々なディフェンスシステムが存在します。チームや地域によっても様々ですが、攻撃側と同じ人数でディフェンスラインをつくっているのか、あるいは異なる人数でつくっているのかでパターンが変わりますね。

福田　ほうほう。

大西　ディフェンスのシステムは大きくわけて2種類です。1つ目は「シャローディフェンス」。シャローとは、相手選手との距離が近いという意味があり、ボールが出たら全員が一気に前進し、1対1でしっかり対応する方法です。相手に素早く近づけて、タックルできるという特徴があります。アグレッシブなディフェンスと言えるでしょう。

福田　なんかラインが乱れそうですけど？

大西　そうなんです、足並み揃わず飛び出してしまうと、さきほどのギャップが出やすい。いわばハイリスクハイリターンなディフェンスシステムで、チームとして十分な練習が必要です。たまに、ひとりだけ飛び出したり、外側の2人だけ前に出たりというディフェンスをするチームもありますが、それは個々の選手が判断して行っているだけで、シャローディフェンスとは言いません。シャローディフェンスは、あくまでもチーム全員が同じ意思で行うシステムです。

福田　そこはしっかり意思が統一できてないと、あっけなくディフェンスラインを突破されてしまうリスクがあるんですね。

大西　そうです。2つ目は「スライドディフェンス」というシステム。ボールを持っている相手選手がパスを出した直後、ディフェンス陣全員が横にずれ、ポジションを移動させながら何とかしのいで、最終的にディフェンスプレーヤーと攻撃側の人数を合わせていく守り方です。これは、攻撃側の人数がディフェンス側より多い場合にとられます。

福田　言い方は悪いかもしれないですけど、援軍がくるまでの時間稼ぎみたいなイメージですか？

大西　一概にそうとは言えませんが、そういう捉え方もアリでしょう。ちなみにスライドディフェンスの弱点を挙げるとすると、全体の動きをうまく合わせないと内側にスペースが生まれてしまい、簡単にトライを許してしまう点ですかね。

福田　数的に不利な状況はみんなで力を合わせて、カバーということか。いずれのシステムをとるにしても、相当連携の練習が必要そうだなあ。

大西　これまでの話をまとめると、シャローディフェンスは、積極的に相手選手を槍（やり）で突くような攻撃的なディフェンス。一方、スライドディフェンスは、網を広げて辛抱強く耐えるような、より守備的なディフェンスといったイメージで捉えてくれるといいかと思います。

福田　なるほど。槍と網の両方を試合状況に応じて、使い分けるのかぁ。

必殺ワザ〝カウンターラック〟

大西　最後にディフェンスにおける必殺ワザ、〝カウンターラック〟についてお話ししましょう。なんのことかわかりますか？

福田　うーん、ボクシングの〝カウンターパンチ〟から連想すると、なにか相手に大きなダメージを与えるイメージ？

大西　そのイメージでいいと思います。カウンターラックとは、ディフェンスがタックルしたあと形成されたラックで、一気に押し込みボールを奪うプレーです。大事なのは最初のタックル。ここでしっかりと相手を押し込むことができれば、勢いをつけて2人目、3人目がラックに入れるので、カウンターラックが成功しやすくなります。カウンターラック自体、試合中、常に狙っているプレーですが、仮にターンオーバーができなくとも、相手にプレッシャーを与えてボール出しを遅らせることができれば、成功と言えます。

福田　ボール出しを遅らせれば……その間にディフェンスのラインを整えることができそうだしね。

大西　そういうことです。ちなみに日本代表が躍進した2015年のW杯では、しつこいカウンターラックがとても効いていました。今大会はどうなる

カウンターラックの動画はこちら!

か注目してみるのもいいですね。

Chapter 4

勝敗をわける、地味だけど超重要プレー

ボール争奪戦・ブレイクダウン

ブレイクダウン

大西　そろそろ福田さんもラグビーとはどういうスポーツなのか、少しずつ理解が深まっていると思います。ここまでざっくりと攻防の流れを説明してきましたがここからは一歩踏み込んで、地味ながらも勝敗をわけるような細かいプレーを解説していきます。まず現代ラグビーの肝となるプレーブレイクダウンを学んでください。

福田　ブレイクダウン？　なんか響きがカッコいいですけど、初耳です。

大西　最初にブレイクダウンとは何か説明しますね。たとえば、攻撃側の選手が相手にタックルされ、前への動きを止められてしまうと、両チームからプレーヤーが続々とサポートに集まりますよね。そのあと互いに押して、ボールを奪い合う形になります。このタックル成功後、再び密集から球が出て攻撃が開始されるまでのボール争奪戦をブレイクダウンというんです。

さきほどのカウンターラックもこのブレイクダウンを制するための手段のひとつです。

福田 あれをブレイクダウンっていうのか！ 恥ずかしながら、全然知らなかったです。

大西 一見、押し合っているだけにしか見えない地味なプレーかもしれないですけど、この局面での優劣がゲーム全体の結果を左右すると言っても過言ではないんですよ。

福田 けど、ごちゃごちゃになって争っているようにしか見えなくて。反則があっても、何が起きているのかさっぱりですよ。そんなに重要なプレーなんですか。

大西　重要です。攻撃側にとっては、速いテンポで密集から球を出して、相手のディフェンスラインが整う前にトライを狙いたいところ。一方、守備側は、球を奪うことが目的ですが、プレッシャーをかけて球出しを遅らせられれば、しっかりした陣形を組むための時間を稼げます。この駆け引きがあの激しいぶつかり合いを生んでいるんです。

福田　カウンターラックの話と続いているんですね。つながってきた！

大西　ちなみに、お互いが激しくプレッシャーをかけあうブレイクダウンでは反則が頻発します。よくあるのが、タックルをされてもボールを地面に置かないノットリリースザボールと、タックルしても起き上がらずプレーを妨げるノットロールアウェイという反則。前者は攻撃側がディフェンスにからまれたときに、後者はディフェンス側が相手の勢いに押されたときにとられる反則です。

福田　この反則をとられてしまうと、ブレイクダウンでは負けたってことですね。

ノットリリースザボールの動画はこちら!

ノットロールアウェイの動画はこちら!

大西　そうです。ちなみに前にも言いましたが、これらの反則はレフリーのジェスチャーに注目すればよくわかります。ノットリリースザボールはボールを抱えて離さない動き、ノットロールアウェイは手をくるくるさせて「どきなさい」という動きをしてますよ。

攻撃と守備、どっちの人数が多い？

福田　おおなんかわかりやすそう。こんな反則もあったりするわけですけど、ブレイクダウンは観戦するときに何に注目すればいいですか？

大西　両チームがブレイクダウンにかけている〝人数〟に注目してみてください。一般に攻撃側は、少ない人数でブレイクダウンを制圧したいんです。なぜだかわかりますか？

福田　うーん……。密集にかける人数を少なくすることができれば、その分をライン攻撃のメンバーに加えることができる。つまり数的優位がつくれる？

大西　そういうことです。そして逆に相手チームの選手をひとりでも多くブレイクダウンに巻き込みたい。そのせめぎあいを理解しましょう。たとえば、攻撃側が2人でブレイクダウンを制圧していて、対するディフェンス側が3人、4人巻き込まれている場合は、攻撃側有利、とみることができるのです。

「背番号7」を追跡せよ

福田　なるほど、これはわかりやすいかも。とはいえ、ブレイクダウンは試合中で数え切れないほど、局面があるじゃないですか。しかもスピード感もあるし。いちいち攻撃側、ディフェンス側の人数をチェックするのも大変そう。

大西　そういう場合は、ブレイクダウンで最も重要な役目を果たす背番号7番（オープンサイドフランカー）の選手の動きを追ってみるのをオススメします。

福田　何で7番の選手が重要なんでしょうか。

大西　ブレイクダウンで誰よりも仕事をしているからです。フランカーは運動量が豊富かつ、密集時でのボール争奪に長けた選手がつくことが多い。攻撃ではサポートに入ってボールを守り、ディフェンスのときは、真っ先にブレイクダウンに向かいボールにからんでいきます。

なので、7番の選手に注目して観てみれば、相手ディフェンスをはがす動き、相手の球をもぎとるプレーもあって、面白いですよ。

福田　ディフェンス側がボールを奪うと、会場全体も盛り上がりますし、興奮しますよね。あれはテンション上がるな〜。

大西　年々、どのチームもタックルだけでなく、ディフェンス全体のレベルが上がっています。その流れでブレイクダウンの重要性もますます高まってきています。ぱっと見ではわかりづらくても、今回のポイントを押さえれば、もっと楽しんで観ていただけると思います。

スクラムの見えないチカラ

大西　もうひとつ、勝敗のカギを握る重要なプレーを学んでおきましょう。それはスクラムです。

福田　セットプレーのところで[※20]さらっと触れましたよね。自チームと相手チームのFWが8人ずつ組み合って押し合うプレーだと。

大西　そうです。でもぼく、じつはさきほどは〝知ったか〟をして話していたんです。

福田　えっ？

大西　スクラムは実際に組み合うFWでないとわからないことも多いのです。まあぼくにも弱点はあるということです。そこで、スクラムのスペシャリストに来ていただきました。気は優しくて力持ちな「りょうさん」です。元チームメイトで同世代ながら現役で活躍を続ける本当にすごい男なんですよ。それではバトンタッチ！

※20…P36参照。

山村亮　写真提供 ヤマハ発動機ジュビロ

福田　ちょっと、ちょっと、展開強引すぎ！

山村　はじめまして！　ヤマハ発動機ジュビロの山村亮です。２００３年、２００７年と、２大会連続でＷ杯日本代表に選出された〝名〟プロップ（ＰＲ）です。

福田　山村さんも自分で〝名〟って言っちゃった。そしてデカい！　大西さんも大きいですけど、山村さんはそれより一回りも二回りも大きい。山村さん、それではよろしくお願いします。プロップって、最前列でスクラムを組むんですね？

山村　はい。スクラムは前から3人、4人、1人という3列でフォーメーションを組むんですが、1列目左の背番号1番と右の3番をプロップと言います。ぼくは右プロップ。相手チームの屈強な1番と2番に挟まれるので、スクラムを組むFWのなかでいちばん身体的負担が大きいポジションです。だからこういう体なんですよ。はっはっはっ！

福田　（ずいぶん陽気な人だな……）でもスクラムって、正直いうと単に集団でうごめいているだけのようにも見えるんですけど。どんな意味があるプレーなんですか？

山村　観ている側からするとなかなかわかりづらいかもしれませんが、勝敗を左右する非常に重要なプレーです。スクラムで押し勝つことでその後の攻撃で優位に立てるんです。

　たとえば、こちらがスクラムで5メートル押せば相手チームのバックスラインをその分下げることができます。押し切ったところでBKにボールを出せばかなり攻撃に余裕が生まれます。また相手スクラムを圧倒すればペナル

スクラムの動画はこちら！

ティもとれますからね。事実スクラムが突破口となって勝つ試合を何度も経験してきました。

福田　えっ、スクラムで試合に勝てたりするんですか！

山村　2015年の日本選手権決勝でヤマハがサントリーと戦い、初優勝した試合がまさにそうでした。ぼくはこの試合でリザーブだったんですが、一進一退が続く残り15分の緊迫した場面で出場したんです。当時ヤマハのスクラムコーチで、いま日本代表チームのスクラムコーチをつとめる長谷川慎さんから「スクラム行ってこい！」と送り出されて。結果交代して1本目のスクラムで圧倒し、ペナルティをとることができたんです。あれでダメ押しができました。

ちなみにその試合はラストプレーもスクラムでした。試合終了のホーンがなったあとにぐいっと押して、ペナルティをとって勝ったんです。いやー押しまくりましたよ、はっはっはっ！

福田　（味方だと頼もしいけど敵に回したら恐ろしそうな人だな……）そ、

そういえば、前回W杯の南アフリカ戦も、日本はスクラムから逆転のトライを決めたんですよね。

山村　ラストプレーですね。前半は南アフリカにスクラムで押されていましたが、あの場面で、同点になるキックではなくスクラムを選んだのは相手の体力も落ちていく中で「ここは押せる」という自信があったのでしょう。

　また、スクラムで押し勝てれば、「行けるぞ！」と気持ちが乗ってチーム全体の士気が上がるんです。逆にスクラムで負けると、プレッシャーがかかってメンタルに影響する。特にFWの士気に大きな影響を与えます。最後の局面、何度か組み直しがありましたが、徐々に優勢になっていきました。それによってFWが精神的優位に立ち、そこからBKに余裕を持って展開できたことが大きかったのではないでしょうか。

福田　なるほど、メンタルに与える影響も大きいんですね。スクラムがこんなに重要なプレーだとはわからなかった。

山村　世界的にみても、ここ2～3年スクラムを重視するチームがどんどん増えてきました。その中でぼくの所属するヤマハは清宮監督、長谷川コーチ［※21］の方針で、先駆けてスクラムにこだわってきた自負があります。

「姿勢」が9割

福田　ラグビー界の中でもスクラムが再評価されているということか。ただ、山村さん、実際観る側からするとやっぱりスクラムは、あそこで何が起きているのかわかりづらいんです。初心者は何に注目すればいいですかね？

山村　それは、ズバリ「姿勢」です。

福田　えっ！　相手チームをどれだけ押しているかじゃなくて？

山村　もちろんそれもありますが、押したか、押されたかはあくまで結果です。そのプロセスにおいて一番大切なのが姿勢です。ぼくらＦＷがスクラム中に何を考えているかといえば、極論「いい姿勢を保ち続ける」ことなんです。

８人全員が地面と平行に背中を保つ姿勢をとれていれば、いいスクラムが

※21…現在は両名とも退任。清宮氏は日本協会副会長に就任、長谷川氏は日本代表のスクラムコーチをつとめる。

組めている証拠。そのまままっすぐに押しまくり、押し切ったところでＢＫにボールを出すなりペナルティをとればいい。逆に、相手の圧力に負けてしまうと、背中が丸まって８人の姿勢がバラバラになります。

福田　背中がスクラムの優劣のバロメーターってわけね。

山村　そういうことです。なのでスクラムが始まったらＦＷ陣の姿勢に注目してください。もし相手のプロップの背中が丸まっていたり、２列目のロックの膝が高かったりしたら、それはこちらの圧力が上回っているということです。試合自体にも期待が持てるでしょう。

福田　ちなみに、日本代表のスクラム力ってどうなんですか？　今回のＷ杯のグループリーグで対戦する国のＦＷは、どこも体がすごくデカいと聞きました。ロシアとかもＦＷが強力だって。

山村　たしかに、体格だけを見れば日本は不利かもしれません。しかし、スクラムの面白いところは、「体が大きい＝強い」とは限らないことです。大きいに越したことはありませんが、いくら大きくても８人の意識がバラバラだったり姿勢が高かったりすると、いいスクラムは組めません。

福田 へえ〜、大きければ有利というわけじゃないのか。

山村 ぼくが代表時代に戦った国のなかで、もっともスクラムが強いと感じたのは2003年大会のフランス代表なのですが、彼らも飛び抜けて体が大きいわけではありませんでしたからね。ただまとまりがすごくて、2列目のロック、3列目のフランカーを含めた8人全員の力がぐっと乗ってきました。日本代表も当然体は大きくありませんが、4年前も専任コーチのもと、強力なスクラムをつくり上げ健闘していました。現日本代表も長谷川コーチがつき進化したスクラムが組めているように見えます。

福田 技術も必要なプレーなんですね。今回の日本代表もまとまって世界を押してほしい！　山村さんありがとうございました。

Chapter

5

天候、時間ごとの試合の観方

雨でも雪でも中止はほぼなし

大西　ここからは天候や時間など、状況ごとの戦術について解説していきましょう。

福田　天候と聞いてふと思ったんですけど、ラグビーって雨が降っていても中止にならないんですか？

大西　基本的にたとえ激しい雨であっても、雪が降っていてもラグビーの場合、中止になることはまずないです。過去雷があまりにすごくて、中止になった例はありますけどね[※22]。さすがに台風とか地震が起こったりすれば、中止になるとは思いますけど、ごくまれです。

福田　ハードコアですね。確かにどしゃ降りの中でやっている試合を観たことがあります。

大西　だから選手は、どんな状況でもしっかり準備をして、試合をやるつもりでいるんですよ。

※22…2008年のトップリーグ、近鉄対ヤマハ発動機の試合が、落雷で中止になった例がある。

福田　ぼくが学生時代やっていた野球なんか、試合が始まる前、雨が降っていたりすると「中止になれ！」とか正直思ってましたけど。

大西　ラグビーの選手はそういう気持ちにはならないんですよね。雨でも中止になることはめったにないこともありますし、普段から雨の日でも外で練習したりしますから。雨の日を想定した練習をしたりもします。

雨の日は、キックが多くなる

福田　雨が降っているときと、晴れているときを比べると、プレースタイルとか試合展開は、変わるものなんですか？

大西　変わります。雨が降っていると、ボールもピッチも滑るので、通常のパス回しをしていると、どうしてもノックオンなどのミスが多くなります。なので、一般的にハンドリングエラーを起こす危険性のあるプレーをできるだけ避けるようになります。たとえば大外（おおそと）へのロングパスなんかは、大変リスキーな選択になります。

福田　ラグビーは楕円球だし野球みたいにミットもないからとるほうが大変そうだなあ。

大西　そうなんです。この大変さを実感するのは実際にやってみるのが一番いいのですが……。雨での試合は、ロングパスは極力減らし、通常よりも比較的近くの選手に対するパスをするようにしたり、ラックからFWがそのまま持ち出したり。加えて、キックを使ったプレーが全体的に増える傾向があります。

福田　なるほど。でも、雨が降っていると、キックミスも結構ありそうじゃないですか。

大西　もちろんそのリスクもあります。フィールドがぬかるんでいるので、転がすようなキックは、なかなか思い通りにコントロールすることがむずかしい。ですから、キックの蹴り方や種類もちゃんと考えなくてはいけません。たとえば、雨の日は、キックの中でもハイパントキックで相手と競り合うプレーなどが多くなります。相手がボールをとり損なう可能性も高まりますからね。

福田 雨の日ならではの戦い方も、しっかりあるんですねぇ。でも、雨だけでなく、風が強かったりしたら、狙って蹴るのもむずかしそう。

大西 その通りです。風も重要なファクターですよ。もし風上にいれば、風の力をうまく利用して、よりエリアをとろうとするキックをするでしょうし、反対に風下であれば、キックではなく、パスやランを使って、攻めることが多くなるでしょうね。試合によっては、お互いキックの応酬が繰り返される場面もあったりしますし、通常の試合ではないような駆け引きも見られますね。

日本代表にとって、雨は不利？

福田 たとえばなんですけど、雨の方がむしろ晴れているときより、有利になるチームとかってあるんですか？

大西　雨になると、そもそも走りづらく、ＢＫに展開するのもむずかしい。となると、ボールを離す機会をなるべく減らし、モールやスクラムでプレッシャーをかけられるＦＷが強いチームの方が試合を有利に運べると言えるかもしれませんね。

福田　となると、前にも出てきましたが体格のいいＦＷが揃っているロシアや南アフリカなどは、優位に立てるんですね。

大西　あとは、さきほど言ったようにキックを使うプレーが増えるので、単純にキックが得意な選手を揃えているチームの方が有利ですね。

福田　ふんふん。そういえばいまの日本代表はキックを多用するという話を聞いたんですけど。ということは、日本は雨の試合でもさほど苦にならないわけですか。

大西　それは言い切れないですね。キックだけを取り上げると、そう思えるかもしれませんが、以前も説明したように、日本は基本的には体格面で多少見劣りする分を敏捷性でカバーしつつ、多彩なパスを駆使して、トライを目指すスタイルですから。日本にとっては、雨の試合はむしろ不利になるでしょうね。

福田 そうなんだ。じゃあ、日本の試合は、晴れることを願おう！

大西 天候が荒れると選手側はミスが多くなる上、ケガも心配になります。観客側も単調な攻めが続くので、通常時に比べて、面白くないと感じる人もいるかもしれません。天気がいいに越したことはありません。

福田 雨の日の観方はわかったけど、やっぱり晴天の中でのラグビーが一番ですね。やっている方も観ている方も。

時間稼ぎもラクじゃない

大西 次に時間帯ごとの戦い方、特に試合終盤にしぼって、戦術や観方をみていきましょう。試合時間が残り少なくなると、戦術が変わってくるからです。

福田 あっ、ひょっとして時間稼ぎのプレーの話かな。そういえば一度、残り数分になって攻撃側がひたすらボールを守ってる試合を観たことがあって。あれは観ている方としてはもどかしかったなー。

大西　ただラグビーの場合はきちんとした戦略にもとづいてやっていますし、勝つためのポジティブなプレーとして「時間を稼ぐ」ではなく、「時間を使う」と表現したいと思います。

　その手段ですが、基本的にはサッカーと同じようにボールのキープです。反対に、相手にボールを渡すリスクが高いキックを使ったプレーは必然的に減っていきます。

福田　徹底したボールキープはサッカー日本代表もW杯で西野朗監督（当時）の指示でやってましたね。ただ素人目になんとなく思うのは、サッカーの場合はただパスを回してればいいけど、ラグビーは何度も体をあててぶつかり合うことになるから、体力的にキツそう。

大西　たしかに、そこのむずかしさがあります。特にFWの選手は必死にブレイクダウンに突っ込んでボールを守らなければなりませんから、体力の消耗が半端ではない。ボールをキープすることが目的の連続ラックに持ち込もうとしても、体力的にもつのは残り時間1、2分からがせいぜい。サッカーのようにパス回しをし続けるのも現実的にむずかしいですね。

福田　となると、逆転可能な点差だったら最後までハラハラドキドキですね。

大西　その通りです。前にラグビーの安全圏の点差は9点とお話ししましたが、逆に8点差だったら、試合終盤でもまったく安心できません。トライ（5点）をとって、そのあとのコンバージョンゴールを外しても、反則を犯してペナルティゴール（3点）を決められてしまえば、同点ですから。

福田　1分もあれば、連続トライもまったくあり得ないわけではないですもんね。

大西　試合終盤は両チームとも異常な緊張感の中で戦っています。その中でなにかが起こる時間帯です。これまでまったくディフェンスに綻(ほころ)びがなかったチームが、急に糸が切れたかのごとく崩壊し、一気にトライをとられてしまうこともあります。だからこそ試合終盤は面白いんですよ。

また時間の使い方にもチームカラーが出ます。もちろんさきほどのように、ひたすらボールキープをするチームがある一方、ボールを失うリスクがありながら自陣からボールを回していって、追加点を狙い相手チームの息の根を止めようとするチームもある。最近の傾向として、後者のようなアグレッシブなチームが増えているのはうれしいですね。

取り締まる反則がある

福田　時間を使うことのむずかしさって体力的なことだけなんですか？

大西　もうひとつ反則の存在がネックになってきます。試合終盤、ブレイクダウンの局面でお互いにプレッシャーをかけあうと、反則が頻発します。攻撃側はボールをキープしつつも、「不用意な反則をしてはいけない」という心理的プレッシャーにさらされているのです。

福田　ほうほう。前にもやりましたよね。ノットリリースザボールとか、ノットロールアウェイという反則が多いんでしたっけ。

大西　はい。さらにあるんです。たとえば、ブレイクダウンの局面で起こるシーリングオフという反則。これは攻撃側がとられる反則です。

福田　シーリングオフ？　うーんまた聞きなれない単語があらわれたなあ。

大西　まあまあ、あまり名前を覚えようとしなくても大丈夫ですよ。シーリングオフとは何かというと、「タックル時、ボールに覆いかぶさり、相手選手のプレーを妨げる行為」のことを指します。試合終盤に起こる理由としては、ブレイクダウンを大事に大事にフォローするあまり、過度にFWが頭を下げてラックに入ってしまうから。こうやってラックに〝フタ〟をされるとカウンターラックをしようにもできません。

福田　なるほど、フェアじゃないということね。

大西　ラグビーは常にボールの争奪はイーブンであるべきという原則があります。それに反するということですね。この反則は相手ボールのペナルティキックで試合が再開されます。具体的なシチュエーションを考えてみましょう。試合終了まで残り1分を切って、Bチームを2点差でリードしていたAチーム。自陣22メートルの内側でじっくりとボールキープ。しかし、FWの選手が痛恨のシーリングオフを犯します。

福田　うわっやばいですね。ペナルティゴールのチャンスを与えちゃいますね。ペナルティゴールは3点だから……。

大西　そうなんです。ゴールを決められたら、土壇場での逆転負けです。

福田　これはショックがデカそうだ。

大西　ここでポイントとなるのがペナルティを犯す〝場所〟です。ゴールを狙いやすいフィールド中央あたりだと絶体絶命。逆に端の方だと角度があってゴールに近くてもキックを外す可能性が高くなる。だから時間を使うチームは、フィールドの端の方、端の方に移動してラックをつくりにいくんです。

福田　へーそんな攻める方向まで考えているとは知らなかった。いろいろ考えているんだなあ。

ダラダラやってるとレフリーが注意する

大西 ほかにも攻撃側が試合終盤に気をつけなければならない反則があります。モールやラックの膠着(こうちゃく)状態からボールをずっと出さないでいると、レフリーから「ユーズイット!」という注意があるのです。その注意に従わないと反則をとられます。

福田 これはなんか英語の意味がわかる気がするぞ、「ボールを早く使いなさい」ってこと?

大西 冴えてきましたね。そういうことです。このユーズイットの注意から、5秒以内にボールを動かさなかった場合、「アンプレアブル」となり、相手ボールのスクラムになります。これは安易に時間を使わせないためにできたルールなんですよ。

福田 へ〜柔道でもありますよね。お互いの選手が消極的で組み合おうとしなかったら、審判が指導を出しますもん。

大西　まぁ、そんなイメージですね。以前にもお話ししましたが、ラグビーのレフリーはコーディネーター的役割を果たしています。いかに観ていて気持ちのいい、スムーズな試合にするか。そのために、こうした声掛けをするのです。

福田　なるほど〜単純に時間を使うにも、いろいろ制約があって楽じゃなさそうだなあ。

大西　勝っている側のチームも安心はできません。ブレイクダウンにしても、カウンターラックでディフェンス側にボールを奪い返されたり、シーリングオフやユーズイットの反則をとられる可能性もあるんです。最後まで目が離せませんよ。試合終盤のせめぎあいを楽しめるようになると、ラグビーがもっと楽しくなるはずです。

福田　ラグビーの80分間の楽しみ方がわかった気がする！

Chapter

6

テレビ観戦での
ギモンに答える

監督はなぜスタンドにいるのか問題

福田 テレビでラグビーの試合観ていて感じた素朴なギモンがあるんですけど、聞いてもいいですか？

大西 どうぞ、どうぞ。

福田 なんでラグビーって監督がベンチではなく、スタンドにいるんですか？ 監督が映像で抜かれると、隣に普通の一般の観客がいたりしますよね。

大西 それは多くの人がきっと不思議に思っていますよね。監督がベンチにいないスポーツなんて、そうないでしょう。それはなぜかというと、ラグビーの伝統として、「試合は監督ではなく、選手たちのもの」という考えが根付いているからなんです。

福田 そうなんですか！ 監督の指示に従う野球を10年間もやってきたぼくには考えられないことですよ。

大西 確かにラグビーというスポーツ特有ですね。そのかわり、試合中で判断や決断をする際、キャプテンにすべてが委ねられているんですよ。

福田 それは責任重大だ。でも、うらやましい面もあります。だって、野球の場合、打ちたくても送りバントさせられたり、バッターと勝負したくても敬遠しないといけなかったり、監督のサインは絶対ですもん。

大西 福田さんも覚えているかもしれません。あの2015年W杯南アフリカ戦の最後のトライは、キャプテンのリーチ・マイケル選手の独断によるものですからね。

福田 あっぼくも後日、そのエピソードテレビで知りましたよ。エディー監督はペナルティゴールで同点引き分けを狙う思惑だったのが、リーチ選手たちはあくまでも勝ちにこだわったと。

大西 結果的にあの選択がジャイアントキリングにつながったわけですが、責任を伴う大きな決断でした。ラグビーにおいて、キャプテンがいかに監督のかわりたる存在になっているかを示す象徴的なシーンだったと思います。

福田 ほかのスポーツならあり得ないですよね。前に引き合いに出したけど、サッカー日本代表がW杯のポーランド戦、西野朗監督が指示したボール回しの作戦を選手が無視して、点をとりに行くようなものです。

大西　確かにサッカーで同様のことが起こっていれば大事件だったはずです。でも、ラグビーだったら、決して珍しいことではないんです。まぁ、南アフリカの場合も勝ったからいいものの、失敗していたら、エディーも相当怒ったでしょうね。

福田　「終わりよければすべて良し」というところもあるよね。結果が出たからこそ、こうやって肯定的に話ができるんだもんね。

ウォーターボーイにも注目すべし

福田　とはいえ、まったく監督が指示を出さないというわけではないですよね？

大西　もちろんです。監督はスタンドから俯瞰（ふかん）的に観ながら選手たちにアドバイスをおくります。では、一体何を観ているのか。監督ごとの違いはありますが、一番は、どこにスペースが空いているかですね。踏まえて攻めるべきポジションのアドバイスをします。ここで重要なのは、絶対的な「命令」という意味ではなく、あくまでも「助言」だということです。

福田　「選手たちの参考に少しでもなればいい」といったくらいのニュアンスですか？　かなり下手にでるもんですね。

大西　でも、本当にそんな感じです。繰り返します。ラグビーは95%、選手の自主性に任せているスポーツなんですよ。

福田　待ってください。その監督のアドバイスは誰に向けて言ってるんですか？

大西　当然のギモンですよね。実は監督はスタンドにいてもインカムをつけていて、フィールド横に待機している水を持ったウォーターボーイや、選手の負傷を手当するメディカルトレーナーにまず伝言を送るのです。そこから、その内容がキャプテン以下選手たちに伝わっていきます。

福田　えっ、ウォーターボーイ？　サッカーにもいますけど、小学生とか子どもがやってません？

大西　いえいえ。ラグビーのウォーターボーイは、コーチやケガをしていて試合に出られない主力選手がつとめることが多いんです。「水を渡すだけなら誰でもいいのでは？」と思われるかもしれません。しかし、監督が直接指示できないラグビーでは、チームの戦術、試合の流れをしっかり把握していなければならないので、あなどれないポジションなんです。

福田　へぇ〜。そうなんだ。給水以上に大事な仕事を担っていたんですね。

大西　そうなんですよ。誰でもいいわけじゃないんです。まとめると、ラグビーは選手の自主性にほぼ任せるスポーツではあるけれども、当然監督の指示も聞き入れます。しかし、最終的には、キャプテンの判断に委ねられる、原則監督は口出ししないのがラグビーなんです。

福田　一に自主性、二に自主性か。監督があんなに試合中に距離を置いている理由が少しわかった気がする。

「フェーズ」ってなんやねん

福田　もうひとつギモンいいですか。
大西　どうぞ、どうぞ。
福田　テレビ中継で画面上の各チームの得点表示と一緒に「フェーズ5」みたいな表示があることに気づいたんです。確か解説の人も「いまフェーズが○までできました!」と言ってたな。あれってどういう意味なんですか?
大西　「フェーズ」とは、「連続して攻撃している回数」のことを指します。数え方はまずタックルが成功し、密集ができ、そこからパスが出たら1回。そして、またタックル、密集、パスで2回となります。その場面はフェーズが5回繰り返されていたんですね。
福田　密集からボールが出た回数をフェーズというのかぁ〜。
大西　以前説明したブレイクダウンの数と言い換えてもわかりやすいかもしれません。よく選手や解説者は、継続して攻め続けている状態を「フェーズ

フェーズの動画はこちら!

を重ねる」と表現します。

福田　なるほど。トライを狙うため攻撃を何度も続けるものの、相手のディフェンスに阻まれることでフェーズが積み重なっていくわけですね。

大西　そういうことです。そこで、反則や相手チームのターンオーバーが起きてしまうと、そのフェーズの数はリセットされます。

福田　でも、フェーズの数が多いのは、攻撃し続けているわけなので、いいことなんですよね?

大西　そうですね。フェーズの数が積み重なっているのは、ずっとボールを保持しているわけですから。しかし、フェーズの数だけを見ていてもダメで、効果的な攻めができているのか、しっかり見ないといけません。

福田　えっ、どういうことですか?

大西　つまり、フェーズの数がどんどん増えているといっても、それほど前進できていなければ、攻めあぐねているといえますよね。

福田　なるほど。フェーズの数が多いといっても、しっかりボールの行方を追っていないと、必ずしも得点のチャンスを得ているとはいえないわけか。

大西　フェーズの数が大きくなっていたら、攻撃側が優勢になっているのか、守備側が辛抱してディフェンスし、ボールを奪う機会を狙っているのか、そこが観戦する際の見どころですね。何回もブレイクダウンを繰り返していると、お互い体力的にしんどいですし、特に攻撃側にミスが出やすくなります。

福田　フェーズの数と合わせて、ボールがどのくらい前へ進んでいるかが重要なんですね。

フェーズの数は辛抱強さを表す説

大西　フェーズとは、要するに我慢比べです。フェーズの数字が大きくなっていくということは、攻撃側も守備側も反則を犯していないということでもあります。

福田　そっかあ。お互い紳士的なプレーに徹しているわけか。

大西　その通りです。ちなみにエディー・ジャパンのときは、フェーズが多い傾向にありました。というのも、極力ミスをしないようにボールをキープし続け、終盤まで粘った上で、相手が疲れたところを突く戦い方をしていましたから。だから、日頃から試合で動き続けられるようにフィットネスを鍛えていたんです。

福田　相手を上回る体力がなければ、フェーズを重ねる攻撃はむずかしいですもんね。

大西　あとはミスなくボールをつなぐ正確性ですね。どのチームも戦略はそれぞれありますけど、ラグビーに共通して大事なことは、辛抱強さ。それがフェーズの数に表れるということもぜひ知っておいていただきたいですね。

　フェーズに関して言いたいのは、フェーズが何十フェーズと重なるということはそれだけ両チームともハイレベルな状態にあるということです。たとえば、これが高校レベルの試合だと、フェーズが重なる前にトライになってしまったり、継続しきれずに反則で途切れてしまうことが多いのです。

福田　なるほど〜フェーズが重なってきたときは、ぼくら観戦者も「レベルが高い試合が見れてる、ラッキー！」と思うべきなのかな。

「アドバンテージ！」

福田　もうひとつギモンです！

大西　おお、どんどん出てきますね。今度はなんでしょう。

福田　ラグビーってレフリーがマイクつけているじゃないですか、試合を観ていて、ときどき「アドバンテージ」って言っているのが聞こえる気がするんですけど、あれはどういう意味？

大西　いいところに気がつきました。これもラグビー観戦の大きなポイントです。「アドバンテージ」というのは競技規則をひもとくと、「一方のチームが相手の反則により利益を得た場合、レフリーは、競技が流れるようにするためにプレーを継続させることができる」[※23]原則のことです。

※23…競技規則第7条より。

福田　うーん、具体的にはどういうことなのかな。

大西　はい。シチュエーションを想像してみましょう。Aチームがテンポのいい攻撃をどんどん継続し、相手陣22メートル内に入り込む。そしてディフェンスがついていけずにたまらずオフサイド！

福田　ペナルティですよね。普通だったらここで笛をふくけど……。

大西　しかし、このシチュエーションのように、攻撃側がいい流れでボールを継続している場合、レフリーはあえて笛を吹かずに「アドバンテージ！」と言い、試合を流すのです。これはゲームの流れを止めないための、レフリーによるコーディネートのひとつです。まるで指揮者のように選手を操り、美しいゲームをつくりだすのがラグビーのレフリーなのです。

福田　なるほど指揮者かぁ。むやみにゲームを切るよりそっちの方が観ている方は楽しいよね。

大西　そうでしょう？　また、攻めている側もせっかくいいテンポで攻めているときに止められてしまうと、かえって不利になることがある。笛がなければそのままトライをとっていた可能性もありますからね。ちなみに攻撃側はアドバンテージをもらうと〝無敵〟になるんですよ。

福田　無敵？

大西　はい、ノックオンやスローフォワードなどの反則をしても前のアドバンテージがいきているので、マイボールのペナルティで始めることができるのです。要はミスをしても〝チャラ〟になる。

さきほどのシチュエーションであれば……敵陣22メートル内でアドバンテージをもらいながら攻め続けますが、トライライン付近でボールを落としてしまったとしましょう。そうしたら最初にオフサイドの反則があった地点で、ペナルティキックを得ることができるのです。

福田　なにそれすごい。ミスしても大丈夫ってたしかに無敵だわ。

大西　だから、かなり思い切った攻撃ができるのです。アドバンテージをもらうとBKは、キックパスをしたり、ドロップゴールを狙ったり、超ロングパスを放ったり、強気の選択をすることができるのです。

福田　のびのびとプレーできて攻撃側は気持ちよさそう！

大西　ただですね。アドバンテージは解消されることもあるので注意です。

福田　えっ？

大西　ここはレフリーのさじ加減ひとつというところもあるのでむずかしいのですが……アドバンテージ状態になってから、攻撃側がかなり敵陣にゲインした場合[※24]などは、レフリーが「アドバンテージオーバー！」といって解消を宣言します。いずれにせよ、レフリーの声と、あとは〝手〟に注意してください。アドバンテージ状態のときは、レフリーは基本的に手を横にまっすぐ伸ばしています。解消されれば当然手も元に戻っていますから。

福田　ラグビー観戦はレフリーの手に注目するといいことがあるんだったよね。とにかくまたひとつ謎が解けた！

※24…他に敵陣の裏にもキックが蹴られた場合もオーバーされやすい。

謎の戦いの踊り

福田 そういえば、こないだフィジー戦とトンガ戦[※25]、テレビで観ましたよ！

大西 おっＷ杯前のテストマッチですね。いい試合をしていましたね。

福田 楽しめたんですけどすこし気になることがあって。なんか２チームとも、試合前に陣形を組んで、踊りのようなものをしてたんですよ！　迫力があったなー。あれは何なんですか？

大西 それは「ウォークライ」というやつですね。

福田 うぉ、うぉーくらい？

大西 Ｗａｒ＝「戦いの」Ｃｒｙ＝「叫び」です。ニュージーランド代表のハカはご存知でしょう？　じつはハカも「ウォークライ」の一種で、南太平洋のニュージーランドをはじめ、フィジー、トンガ、サモアといった国々は、みんなこの試合前の儀式を行うんですよ。

福田 へ〜！　ハカはニュージーランドの専売特許だと思ってたけど、似た

※25…２０１９年７月27日、８月３日にそれぞれ釜石鵜住居復興スタジアム、花園ラグビー場で行われた日本代表とのテストマッチ。

バージョンのがあるとは知らなかった。

大西　それぞれ特徴をまとめておきましょう。

フィジーのウォークライ「シビ」

・近隣諸国との戦いの後に唄われた「勝利の雄叫び」がルーツ

・1939年のニュージーランド戦で初めて行われた

・左腕を前に突き出し、ジリジリとにじり寄る動きが特徴的

トンガのウォークライ「シピタウ」

・ウォリスフツナ諸島の儀式として行われていた

・1994年のニュージーランドツアーで行われた記録がある

・日本のリーグで活躍するニリラトゥ選手が長くリーダーをつとめていた

サモアのウォークライ「シヴァタウ」

・1991年のW杯前に形づくられた
・歌詞に〝Manu〟という言葉がひんぱんに出てくるが、これはサモア代表の愛称でもあり、「獣」という意味
・最後に拳をつきあげる動きが特徴的

福田　へ～それぞれ名前がついているんですね。

大西　今年のW杯、この3国のウォークライに注目して観て、それぞれどんな違いがあるのか？　を考えるのもおもしろいですね。

●三者三様のウォークライ

シビ

シピタウ

シヴァタウ

Chapter 7

いざ、リアル観戦！

試合に行くきっかけは何でもOK

福田　こうやっていろいろ教えてもらうと、そろそろ現地観戦デビューしたくなってきました。

大西　うれしいひと言、待ってました！　基本的なルールや、この場面ではどこに注目すればいいのかなど、一通りレクチャーしましたから、絶対楽しめると思いますよ。

福田　でも、実際に観に行くとしても高校、大学、社会人、日本代表など、たくさんありますよね。選択肢が多くて、どれにしようか悩んでいるんです。

大西　そんなに深刻に考えなくてもいいと思いますよ。でも、せっかくなので、まずはお客さんがたくさん入ると予想される日本代表の試合や、有名チームの試合を観に行って、ラグビーの雰囲気を楽しんでほしいですけどね。

福田　日本代表、もちろん観に行きたいですけど今度のW杯はもうチケットも売り切れてそうだし、現実的じゃないか。たとえば社会人ラグビーはオススメですかね？

大西　はい。全国各地の16の社会人チームから構成されている日本ラグビーの最高峰リーグ「トップリーグ」も、もちろん楽しめますよ。試合数も多く、東京以外の地方でも多く開催されています。ちなみに「トップリーグ」は野球のように完全なプロ形態ではなく、選手は各企業に属する社会人とその他のプロ選手から構成されています。完全プロ選手の数は多くありません。

福田　なるほど、プロリーグと社会人リーグの中間といった感じなんだ。

大西　とにかく観に行く試合を選ぶ際は、自分なりの基準でまったく構わないと思います。たとえばトップリーグの試合を観に行くのであれば、「自分の父親が勤めていた会社のチーム」や「友人が働いている会社のチーム」、また「試合会場が自宅から近い」だったり、なんでもいいと思います。

福田　肩ひじ張る必要はなくて、なにかひとつでも引っかかりがあればいいんですね。確かに、ぼくも前に社会人駅伝をテレビで観ていたときに、気づいたら友達の会社をずっと応援してましたもん。それぐらいのノリで観に行くチームを決めてみよう。

オススメのスタジアム

福田　スタジアムに関しては、オススメの場所とかはありますか？

大西　ラグビーの試合が開催される場所というのは、

①ラグビー専用スタジアム

②球技専用スタジアム（サッカーなどと兼用）

③陸上競技場

の3つに分けられます。そのなかでもやはり、陸上トラックがなく、選手をより近くで観ることができるグラウンド構造になっている「ラグビー専用スタジアム」がいいと思います。特に高校ラグビーの聖地で、2019年のW杯の会場にも選ばれた花園ラグビー場（東大阪市）は、観客席がフィールドにとても近く、選手の迫力あるボディコンタクトを目の前で見ることができるので、興奮必至ですよ。最近改修も済んで[※26]、外観もスタイリッシュになってきました。ぼくは関西出身でしたので、個人的にも思い入れが深いんです。

おっちゃんの横に座ってみよう

福田 おお、よさげですね。今度大阪観光もかねて行ってみようかな! あとは「どこに座るか」問題です。ラグビー初心者は会場のどのあたりに座ればいいですかね。お金払って、いい指定席押さえろというのはナシでお願いしたいのですが。

大西 それは試合をどう観たいか次第ですね。目的別にわけてこんな感じでどうでしょう!

①全体的に俯瞰して観たい→スタンド中段より上の席

②選手を間近で観たい→スタンド前列

※26…W杯日本大会を前に2018年9月、リニューアルが終わった。

③ルールをまだ理解できていない↓おっちゃんの近く

福田　①、②はわかるとして③のおっちゃんってなに？

大西　ここでのおっちゃんというのは、「ラグビーに詳しそうな年配男性」のことです。仲間内で話しているのか、はたまた独りごとか。いま何の反則が起きたのか。あのプレーの何がよかったのか。あの選手は何大学出身なのか。試合を実況中継しつつ、初心者にはうれしい情報をつぶやいているおっちゃんがスタジアムには結構な割合でいるんですよ。

福田　あー競馬場にもそんなおっちゃんいるよね。前に会いました。確かにそのときも、どの馬がまくりにきているとか、馬の血統とかわかりやすく話してくれたな。

大西　さりげなくそんなおっちゃんの近くに席をとり、聞き耳を立てておけば、あなただけのパーソナル解説者になってくれるはずですよ。お試しあれ！

ゴールキックの際はお静かに

福田　オススメの試合、スタジアム、座る位置までレクチャーしてもらったから、もう準備万端です。最後に観客として「これだけはやっちゃいけない」というNG行為があれば教えてください!

大西　あまり堅苦しいルールはないのですが、せっかくなのでひとつだけ。ラグビーのマナーとして、トライした後や、ペナルティ時のゴールキックの際は、静かに見守りましょう。キッカーが集中しているところに水を差してはいけません。もちろん「外れろ!」と願うのは無理もないのですが、そのような思いは胸の内にそっとしまってくださいね。

福田　ぼくはNBAもよく観るんですけど、NBAでは、敵チームのフリースローの際、みんな大声を上げたり、バルーンで叩いたり、身振り手振りで邪魔しますよね。あんなことは御法度（ごはっと）なわけですね。

大西　ラグビーでもゼロというわけではなく、海外の試合ではたまにキッカーが蹴る前にブーイングが起こることもままありますよ。ただ、ラグビー協会も精神に照らして決して褒められる行為ではないのです。日本ラグビー協会も「ゴールキック時は静かにするように」と注意を促しています。ファンがマナーよく観戦することで、お互いのチームが集中して、ベストパフォーマンスができれば、結果的に緊張感ある面白い試合になりますからね。

福田　マナーをよくすることで観ているほうも得するってわけか。大西さん的に、このマナーは日本でちゃんと定着しているように見えますか？

大西　正直なところ、まだ日本のラグビーファンの間でも十分に浸透しているとはいえませんね。さきほど外国の試合ではある、というお話もしましたが以前スーパーラグビー・サンウルブズの試合でも、相手チームのキックのとき日本のファンの間からブーイングがおこったのを見た経験があります。残念な気持ちになりました。

とにかく、〝ｒｅｓｐｅｃｔ　ｔｈｅ　ｋｉｃｋｅｒ〟ともいいますので、日本でもキッカーに対して尊敬の念を抱くようにしてほしいですね。これは現役時代キッカーだったぼくからのお願いでもあります。

福田 大西さんに言われたらみんな聞くしかないね。ブーイングでキッカーの気を散らすような卑怯（ひきょう）な真似は格好悪い！　観戦するときは絶対そんなことしないようにしよう！

観客も試合が終わればノーサイドの精神を

福田 ほかに試合観戦で心にとめたほうがいいことはありますか？

大西 NGではなく、ぜひしてもらいたいこととして……相手チームであっても素晴らしいプレーには拍手を送って讃（たた）えてもらいたいですね。

福田 あっこれは野球でもあります。守備で見事なダイビングキャッチをしたときや、ホームランを打ったときなどは、観客全員がスタンディングオベーションしますよ。

大西 ラグビーも同じようにハーフタイムや試合終了時、スタンディングオベーションが起こることがあります。ラグビーの場合、根底にあるのはノーサイドの精神です。

福田　でた、かの有名なノーサイド！　いま話題のラグビードラマ[※27]の題名にもついてるよね。ざっくり敵味方関係なくなる……という意味だとは知っているんですけど、あらためて教えてください。

大西　ノーサイドとは、試合終了のことを指します。そして、「戦い終えたら両チームのサイドがなくなり、勝ち負けを区別することなく、お互いの健闘をたたえ合う精神」という意味もあるんですよ。

福田　ふむふむ。野球も試合終了後、一列に整列してお互い握手したり、相手監督に挨拶しに行ったりもしますけど、やっぱり敵・味方はくっきり分かれている気がします。やっている方も観ている方も。

※27…池井戸潤氏原作の『ノーサイドゲーム』がTBS系列で2019年7月より放送。ちなみに大西さんも登場したゾ！

「アフターマッチファンクション」こぼれ話

大西　ラグビーでは、ほんとうにそれが混じり合いますね。これはあくまで選手側の話なのですが、試合後に相手チームとの「アフターマッチファンクション」という交歓会がひらかれることがあります。グラウンドでバチバチにやり合っていた選手たちとお酒を交えて和やかに語り合うのです。ちなみにぼくは下戸でお酒はあまり強くないのですが、それでも楽しい時間です。

福田　意外。そこではどんな話をするんですか?

大西　試合の感想を語りあったり、「あのタックルはやられたよ」なんて話をしています。2006年の春に行われたトンガとのアフターマッチファンクションは想い出深いです。「お前、トンガ人みたいな顔をしてるな」といじられて、彼らの歌と踊りに参加させられたんですよね。

福田　(たしかに大西さん、似てるな……)そんなに仲がよくなるもんなんですね。

大西　アフターマッチファンクションがあることで、世界中のラガーマンと友達になることができました。いまでも様々な国の選手や引退してコーチになっている元選手たちから情報収集したり、近況を連絡し合ったりしていますよ。

福田　うーむ、これぞノーサイド！

大西　ぜひ観客のみなさんにも、このノーサイドの精神を持っていただいて、試合が終了したら、敵・味方関係なく拍手を送ってほしいですね。

福田　試合が終わったら選手に労（ねぎら）いの気持ちを込めて、拍手するのがラグビーの礼儀なんですね。

大西　ラグビー憲章には、品位（INTEGRITY）、情熱（PASSION）、結束（SOLIDARITY）、規律（DISCIPLINE）、尊重（RESPECT）の5原則があり、選手はもちろんのこと、ファンの人に対しても求められています。選手たちと同じプライドを持ち、観戦してもらえれば、絶対楽しいはずです。

福田　わかりました。観戦するときに心にとめます！

●観戦デビューにイチオシの花園ラグビー場

写真提供 花園ラグビー場

Chapter

8

W杯が100倍楽しめる！日本代表と世界のラグビー話

日本ラグビーの〝これまで〟

福田　早いもので、もうW杯開幕間近ですね。前回の2015年大会で日本は、南アフリカ、サモア、アメリカに勝って、メディアも「快挙！」と大騒ぎしていた記憶があるんですけど、やっぱりすごいことだったんですかねぇ？

大西　はい、なんといっても3勝を挙げましたから。それがどれだけすごいかは……それまでの戦績と比較するとよくわかるでしょう。日本はW杯に全大会出場していたものの、1991年大会のジンバブエ戦以来、1度も勝っていなかったんです。

第1回 ニュージーランド大会（1987）0勝3敗
日本 18—21 アメリカ　敗戦
日本 7—60 イングランド 敗戦

日本 23—42 オーストラリア 敗戦

第2回 イングランド大会(1991)1勝2敗

日本 9—47 スコットランド 敗戦

日本 16—32 アイルランド 敗戦

日本 52—8 ジンバブエ **勝利!**

第3回 南アフリカ大会(1995)0勝3敗

日本 10—57 ウェールズ 敗戦

日本 28—50 アイルランド 敗戦

日本 17—145 ニュージーランド 敗戦

第4回 ウェールズ大会(1999)0勝3敗

日本 9—43 サモア 敗戦

日本 15―64 ウェールズ 敗戦
日本 12―33 アルゼンチン 敗戦

第5回 オーストラリア大会（2003） 0勝4敗

日本 11―32 スコットランド 敗戦
日本 29―51 フランス 敗戦
日本 13―41 フィジー 敗戦
日本 26―39 アメリカ 敗戦

第6回 フランス大会（2007） 0勝3敗1分

日本 3―91 オーストラリア 敗戦
日本 31―35 フィジー 敗戦
日本 18―72 ウェールズ 敗戦
日本 12―12 カナダ 引き分け

第7回 ニュージーランド大会（2011）0勝3敗1分
日本 21─47 フランス 敗戦
日本 7─83 ニュージーランド 敗戦
日本 18─31 トンガ 敗戦
日本 23─23 カナダ 引き分け

福田　第3回大会以降、18戦して0勝16敗2分……ひえーこうして振り返るとなかなか悲惨な成績だなあ。直球な質問ですけど、なんでこんなに勝てなかったの？

大西　要因はいくつかありますが、根本的な問題は1995年に起こった選手の世界的なプロ化の波に日本は乗り遅れてしまったことですね。

福田　ほう。ターニングポイントがあったんですね。

大西　はい。そして同じ年、日本は世界との力の差、アマチュアとプロの差をまざまざと見せつけられることになりました。第3回となるW杯南アフリカ大会で、ニュージーランドのオールブラックス相手に、17対145の大敗[※28]を喫してしまったのです。

福田　恐ろしい点差……そんな子どもと大人ぐらいの実力差があったんですね。

大西　ショッキングな大敗から20年後、やっと日本初のプロチーム・サンウルブズが創設され、世界最高峰の国際リーグ、スーパーラグビーに参戦することができるようになったんです。

福田　20年とはかなりのひらきがありますね。

大西　もちろん日本のラグビー界が何もしてないわけではなく、全国の社会人チームで行われるトップリーグが2003年から始まり、年々、外国人選手もたくさん入るようになっていました。実際にはトップリーグ創設以降、外国人選手とプレーすることで、日本人選手も全体的にかなりレベルが底上げされていました。

福田　徐々に力をつけてきたということか。そりゃそうですよね。一朝一夕

※28…W杯史上最多失点という不名誉な記録として残った。

で急に強くなるわけないですもんね。確かにさっきの成績を見ても、2007年、2011年と引き分けには持ち込んで全敗はまぬがれている。

大西　はい。これまで日本代表が積み重ねてきたことの結果がようやく2015年に花開いたんですよ。

福田　ちなみに大西さんは選手時代、どんなところに世界との差を感じていました？

大西　それがですね、個人的には外国人選手とあまり差を感じたことはないんですよ。

福田　ええ！　外国の大きな選手にタックルいくのとか怖くなかったんですか？

大西　ディフェンス時に恐怖心を感じたことはなかったです。ぼくが現役時代には、もうトップリーグにも外国人選手が結構いたので、彼らとマッチアップする中で耐性はついていました。それはほかの日本人選手もそうだったのではないのでしょうか。

ただ逆にトップリーグではエース外国人選手の攻撃頼みになってしまい、

日本人選手の攻撃力が育たなかったということはあるかもしれません。

2015年の躍進支えた名将エディー

福田　2015年W杯の日本の大躍進ぶりは、やっぱりエディー監督の力が大きかったんじゃないですか。

大西　もちろんW杯で3勝もできたのは、エディーのおかげだったのは間違いないです。知らないと思いますけど、エディーは「W杯でもっとも勝ち星を挙げているヘッドコーチ」なんですよ。2003年はオーストラリア代表を率いて準優勝。2007年はチームアドバイザーとして南アフリカ代表のスタッフとなり優勝。そして2015年は日本代表を率いて3勝です。W杯での戦い方、勝ち方を知り尽くしていた監督だったんですよ。

福田　2015年の前から結果を出していたんですね。そんな人が日本にきてくれたのはラッキーだったんだなあ。

エディー・ジョーンズ

大西　エディーは日本にとても縁があるんです。オーストラリア出身ですが、指導者としてのキャリアは日本で始めています。また、実はお母さんが日系アメリカ人のハーフなので、エディー自身はクォーター。さらに、奥さんも日本人なんですよ。

福田　へぇ〜。日本人に対する理解も十分だから、日本代表の監督にばっちりだったわけですね。

大西　それにエディーは、自分の考え方を押し付けるのではなく、その国に合った戦術を駆使してプレーする監督なんです。勤勉さが特徴的な日本代表には、数的有利をつくるため、選手一人ひとりの運動量を上げるハードワークを求めました。

福田　選手たちが「死ぬほど練習がキツかった」とかテレビで言ってましたもんね。

大西　そのおかげで、相手に走り勝つフィットネスを手に入れ、倒れてもすぐに起き上がって、ブレイクダウンに加わる。つまり、相手より1人多い状態をつくることで、数的に優位な状況を生み出す。それがエディーの目標にしたラグビーだったんです。

福田　なるほど。個々の能力で競うのではなく、常に相手より人数をかけてトライを狙う戦術がずばり成功したわけか。

「勝つために手段を選ばない」エディーの恐ろしさ

大西　ただ、ここで重要なのは、単に自分の考えを選手に押し付けたわけではなく、それぞれその国、チームの特性に合った戦術をしっかり練った上で、実際、実行に移している点ですね。

福田　ってことは、エディーの手にかかれば、どんなチームでも指導できるんですかね。

大西　かもしれませんね。もうひとつ、エディーの特徴を挙げるとすれば、「勝つためには手段を選ばない」監督という印象があります。

福田　えっ、何か怖い。

大西　いやいや。別に反則をするとかではないですよ。ただひたすらに勝ちに貪欲(どんよく)にベストを尽くす。チームにとっていまなにが必要か考えぬく。日本代表時代は、セットプレー強化が必要とみてスクラムとラインアウトにそれぞれ一流のコーチを招聘(しょうへい)していました[※29]。また相手に対する心理的プレッシャーが必要とみれば、ときにはメディアを介して相手チームと〝舌戦〟を繰り広げることだってするのです。もちろんルールの範囲内でです。

福田　へーなんかプロレスっぽい（笑）。でも実際南アフリカに勝った上、

※29…スクラムコーチにマルク・ダルマゾ、ラインアウトコーチにスティーブ・ボーズウィックを招いた。

結果3勝もしたわけですから、文句のつけようがないですよね。そんな名将が日本にきてくれたのは、日本ラグビーにとってプラスでしかないよね。

スーパーラグビーがもたらすもの

福田　そんなエディーが日本ラグビーを強くしてくれて、さらに2015年からスーパーラグビーに参戦したんですね。

大西　これも日本ラグビーにとって大変意義あることでした。サンウルブズの選手は、原則として日本代表資格がある選手たちなのです。彼らがニュージーランドを始めとする、オーストラリア、南アフリカ、アルゼンチンといった世界のトップチームと多く対戦することで、外国人選手への対応力や海外で試合をするタフさが鍛えられ、日本代表チームの強化にダイレクトにつながります。

福田　まだまだなのかもしれないですけど、日本ラグビーも少しずつ世界の強豪国と肩を並べようと努力はしているんですねぇ。

大西　いままでテストマッチでしか味わえなかったチームとコンスタントに戦える場所ができたことは大きかった。そして、今回は、スーパーラグビーに参戦してから、初めて迎えるW杯なので、その成果を確かめる意味でも楽しみですね。ただ……。

福田　ただ?

大西　残念ながら今シーズンをもってサンウルヴズはスーパーラグビーから除外されることが決定してしまいました。しかし新たなファン層を開拓したという意味でも、将来につながる動きだったと思います。

2019を率いるジェイミー・ジョセフってどんな監督?

福田　今回のW杯で指揮をとるジェイミー・ジョセフは、どんな監督なんですか?

ジェイミー・ジョセフ

大西　ジェイミーは、ニュージーランド出身で、現役時代、ニュージーランド代表として活躍しました。また、日本の社会人チームに所属した経験もあり、実は日本代表として99年のW杯にも出場してるんですよ。

福田　えっ！　2つの国の代表になれるの？

大西　現在はダメですが、ジェイミーが現役の当時の規程では、複数の国で代表に選ばれても制限がなかったんです。

福田　ほっ。そういうことでしたか。

大西　現役引退後は、ウェリントン代表のコーチや監督、ニュージーランドのマオリ・オールブラックスの監督、スーパーラグビーに参加しているハイランダーズの監督を歴任しています。2015年のスーパーラグビーでは、チームを見事優勝に導いています。

福田　世界最高峰リーグでの優勝経験があるのか。やっぱりエディーに負けず劣らず、すごい名監督なんですねぇ。

カオス状態をつくる戦術

福田　具体的にジェイミーはどんなラグビーを目指している監督なんでしょうか？

大西　ジェイミーのラグビーのキーワードは、ずばり〝カオス〟です。

福田　〝カオス〟……。直訳すると「混沌」ですが、どういうことですか？

大西　前監督のエディーのときは、キックをなるべく蹴らず我慢して、ボールを持ち続ける戦術を採っていました。徐々に相手の体力を削っていき、終盤、相手が疲れたところを狙って、トライをとりに行くスタイルですね。一方、ジェイミーはキックを効果的に使うことで、相手陣営のラインを乱す戦術を採用し、そのようなカオスな状態をつくる戦い方をしているんです。

福田　キック戦術にこだわっているんですよね。

大西　そうなんです。これまでの日本は、自陣からエリアをとるための距離の長いキックをよく蹴っていました。一方、現在の日本代表はボールの再獲得を狙ったキックが多くなっています。以前も紹介したコンテストキックですね。覚えてますか？

福田　はい、空高く上げるキックですよね。あのボール争いは何が起こるかわからないので、ドキドキします。

大西　相手にとって予想外の状況をつくり出すことで、メンタル面にもプレッシャーをかけて、ミスを誘うといったような戦い方。これもカオスをつくり出すための作戦なんです。

福田　個人的にはキックを使ったプレーが大好きなので、楽しそう！

大西　カオスな状況をみずからつくり出すということは、インプレー[※30]の時間が長くなります。試合を止めずにプレーを続行するので、その分走力や持久力、仕事量が求められます。その上でジェイミーは選手たち個々にプレーの判断を委ねている。動き回り、さらに頭を使う、選手たちはかなりハードでしょう。

福田　観ている分には面白そうだけど……。

大西　選手たちとしても、負担は大きいと思いますが、非常にやっていて楽しいラグビーだと思いますよ。ぼくも一緒にプレーしたいぐらいです。

福田　おっ大西選手、W杯で電撃復帰ありますか？　でもとにかくあとはこの楽しいラグビーで勝ってほしい！

今さら聞けない、外国出身でも日本代表になれる理由

福田　今さらなギモンなんですが何でラグビーでは外国人選手が日本代表に

※30…ボールがフィールドの中にあり、実際に試合が動いている状態。日本代表は試合時間の半分である40分のボールインプレーを目標に掲げているという。

入れるんですか？　4年前も多いなと思ったけど、それに劣らずいまの日本代表も外国出身の選手が多いですよね。W杯前にこのギモンは解決しておきたいんです！

大西　ラグビーに詳しくない人にとって、もっとも素朴なギモンでしょうね。ラグビーはほかのスポーツと違って、必ずしもその国の国籍がなくても、ある条件を満たせば代表選手になれるんです。

福田　具体的にどういう条件なんですか？

大西　まず大前提に他国での代表歴がないこと。それに加えて、

①出生地が日本
②両親または祖父母のうち1人が日本出身
③日本に3年以上継続して居住している［※31］

のどれか1つを満たせば、日本代表資格が得られます。

福田　ほうほう。確かにこの条件なら、ハーフやクォーターの選手、日本のチームに所属している外国人選手にも門戸が広がるというわけか。

※31…W杯後、ルールが改正され「3年」から「5年」になると言われている。

大西 さらにほかにも、

④日本国籍取得後、7人制（セブンズ）日本代表としてセブンズワールドシリーズに4戦以上出場

⑤日本への累積10年の居住

という新たな条件も追加されました。そのため、厳密には他国での代表歴があっても、日本代表にはなれる状況です。しかし、これらは非常にまれなケースですね。

福田 なるほど、最初の3つの条件のうち、1つが当てはまる選手がほとんどなわけですね。

大西 そうですね。圧倒的に多いのは③日本に3年以上継続して居住しているケースでしょう。日本のトップリーグのチームに3年以上所属するか、高校や大学から日本に留学して、そのまま日本代表を目指した選手が多いです。日本代表キャプテンでニュージーランド出身のリーチ・マイケル選手も、高校時代に留学生として来日し、大学、社会人とずっと日本でプレーし、ニュ

ージーランド代表の実力があるにもかかわらず、日本代表を選びました。大変な覚悟と決断をして、選んだ結果ということを知ってほしいですね。

福田　基本的には一度日本代表になってしまったら、もう二度と母国のニュージーランド代表にはなれないわけですもんね。

大西　選手たちが決して生半可な気持ちで選んだ道ではないことを、ラグビーに詳しくない人たちにもぜひ理解してもらいたいです。

外国人選手がもたらす、プレーや考え方の幅

大西　そもそも外国出身の選手が多いのは日本に限ったことではなくて、ニュージーランド代表でも、歴史を振り返ってサモア、フィジー、トンガ、オーストラリア……様々なルーツを持つ選手たちがプレーしました。

福田　ラグビーの世界では、普通のことなんですね。

大西　ラグビーはグローバリズムを掲げているスポーツですし、外国人選手

が多いことで様々な国の情報も得られ、プレー以外にも考え方の幅も広がります。いいことしかありません。

福田 とはいえ、「外国人に頼りすぎ」と言う人は結構いる気がします。

大西 その気持ちもわかりますけど、日本人選手が必死に外国人選手に追いつこうとすることで全体的なレベルも上がってますから。代表のチームとしても全然悪いことではないんですよ。

福田 逆説的ですけど、外国人選手の力を借りて、日本代表が強くなっていけば、外国人選手が少なくなる可能性もあるということですか?

大西 まあ、可能性としてはあるでしょうし、今後は日本人選手が外国の代表になる時代がくるかもしれませんよ。どちらにしても、ラグビーは多様性を尊重するスポーツだということです。外国人が多いからといって、これまで日本代表のラグビーを避けてきた人は、損してますね。

マロ・イトジェ

世界のラグビー注目の3選手

福田　最後にW杯で特に注目した方がいい選手を教えてください。

大西　候補がたくさんいて、迷うところなんですが……ここでは現在世界トップクラスの実力を持ち、さらに若さと伸びしろを兼ね備えた選手たちをピックアップしていきます。

2019年のW杯だけでなく、2023、その後も世界のラグビーを引っ張っていくであろう選手たちです。まず1人目はイングランド代表のマロ・イトジェですね。

福田 まったくの初耳です。どういう選手なんですか。

大西 この選手は両親がナイジェリア人というルーツを持っています。195センチ、111キロというほれぼれする肉体です。激しいタックルで相手選手を震え上がらせ、高い身長・長い腕をいかしラインアウトを制圧します。

福田 すごいガタイだな。NBA選手ぽいかも。まさかこの体格でも足が速いとか？

大西 それが速いんですよ。軽やかなステップ、スピードのあるランなども武器です。とにかく彼のプレーを見ていると爽快感があります。

福田 体が大きくて、足が速いなんて無敵じゃないですか！

大西 イングランドを引っ張る中心的な選手なので、ぜひ覚えておいてください。日本代表前監督のエディーがイングランド代表監督に就任してから、選出され、着実に力をつけてきています。

福田 エディーのお墨付きなわけですね。チェックしておきます！

リーコ・イオアネ

大西　2人目は、ニュージーランド代表のリーコ・イオアネ。「世界で最も勢いに乗るウィング」と言われています。今年で22歳と若く、いま旬の選手ですね。

福田　ほう。オールブラックスのニュースターみたいな感じですか。

大西　そうですね。19歳239日でテストマッチに出場したのですが、これはオールブラックス史上8番目の若さでのデビュー。一瞬で相手を置き去りにする驚異的なダッシュ力は、歴代の代表でもナンバーワンの呼び声も高いほどです。

福田　そんな速いんですか！　それはぜひ見てみたいですねぇ。
大西　加えて、走るコースを巧みに切り替えるランニングスキルも素晴らしく、トライを量産中なんです。
福田　今回のW杯で大活躍する可能性は高そうですね。
大西　ちなみにリーコという名前は、元サモア代表のお父さんがプレーしていた日本の「リコー」が由来のようです。
福田　日本に縁があるんですね。ちょっとだけ親近感がわきます。顔もどことなく日本人ぽいし。この選手も要注目ですね。
　ところで、日本人で注目選手はいないんですか？
大西　もちろんいますよ。ひとり挙げるなら、ずばり姫野和樹(ひめのかずき)ですね。
福田　姫野選手の何がすごいんですか？
大西　何といっても、187センチ、108キロの日本人離れした体格。そして外国人選手にもまったく引けをとらないフィジカルの強さですね。相手のタックルを受けても、びくともせず前へ突き進むプレーは、圧巻ですよ。

姫野和樹

福田　それは痛快ですね。やっぱりパワーは外国人選手に負けるイメージが強いですから。

大西　ボールをトライに持ち込む力もありますし、今回のW杯で一番活躍が期待されている選手です。普段の所属チーム・トヨタ自動車ヴェルブリッツではキャプテンもつとめているのでリーダーシップも兼ね備えています。まだ25歳。これからの日本代表を引っ張っていく存在になりますよ。

福田　なるほど。日本代表のニュースター候補ということか。しかし、まだ社会人になって数年なのにキャプテンってのもすごいなあ……この選手は絶対見逃せませんね!

大西 しかもいい男なんですよ。その流れで次のページから「イケメン」など、W杯までに知っておいて損はない世界の選手、指導者、試合をチョイスしてみました。

Column
1
大西ベスト3「押さえておくべき世界のイケメン」

①オーウェン・ファレル(イングランド)
生年月日:1991年9月24日(27歳)ポジション:SO(スタンドオフ)身長/体重:185cm/96kg
イングランド代表のキーマン。端整なマスクと熱すぎるハートをあわせ持つ。正確無比なキックと激しいタックルが持ち味。

②エベン・エツベス(南アフリカ)
生年月日:1991年10月29日(27歳)ポジション:LO(ロック)身長/体重:203cm/117kg
身長2mを超える巨漢で南アフリカ代表の屋台骨。インスタグラムで見せる甘い笑顔とフィールドで見せる狂気。どちらが本当の彼なのか?

③フィン・ラッセル(スコットランド)
生年月日:1992年9月23日(26歳)ポジション:SO(スタンドオフ)身長/体重:182cm/87kg
スコットランド代表の司令塔兼切り込み隊長。貴公子然としておりプレーも優雅そのもの。スルスルとディフェンスの間を抜けていく。

※年齢は2019年8月17日時点

Column 2

大西ベスト5
「押さえておくべき世界の名将」

①スティーブ・ハンセン(現ニュージーランド代表HC)

2011年末から現在まで、世界最強のオールブラックスを指揮。2015年W杯イングランド大会では見事優勝に導いた。就任している間、世界ランク1位をキープし、勝率は90%に迫る。

②エディー・ジョーンズ(現イングランド代表HC)

2015年のW杯を終えてから日本代表HCを退任し、イングランド代表として初の外国人HCに就任。就任後に18連勝を記録。今回のW杯もイングランドを優勝候補筆頭のチームに鍛え上げた。

③グラハム・ヘンリー(前ニュージーランド代表HC)

スティーブ・ハンセンの前任にあたるHC。2004年ニュージーランド代表のHCに就任。2011年母国開催のW杯では、1987年の第1回大会以来6大会ぶり2度目の世界一に導いた。

④ウォーレン・ガットランド(現ウェールズ代表HC)

2007年末の就任以来、シックスネーションズでは4回優勝。そのうち3回はグランドスラム(全勝優勝)の快挙をなし遂げている。ウェールズ代表を世界ランキング2位まで成長させ、今回のW杯では悲願の初優勝を狙う。

⑤ジョー・シュミット(現アイルランド代表HC)

2013年、当時低迷していたアイルランド代表HCに就任。見事チームを立て直させ、3度のシックスネーションズ制覇に導き、昨年の大会ではグランドスラムも果たした。同じく2018年の11月には、アイルランド代表史上初のホームでニュージーランド代表に勝利した。

※世界ランキングの記述は2019年8月時点のデータによる

Column 3

大西ベスト5「押さえておくべきW杯の名勝負」

①日本 34-32 南アフリカ（2015年W杯イングランド大会）

ラグビー界だけではなく、世界のスポーツ界に衝撃を与えた史上最大の番狂わせ。最後の逆転トライのシーンは間違いなく興奮必至！

②イングランド 20-17 オーストラリア（2003年W杯オーストラリア大会決勝）

イングランドが延長戦の末、初優勝を飾った歴史的試合。北半球に初めて優勝杯を持ち帰ることになった。オーストラリアは大会史上初の2連覇を逃した。

③南アフリカ 15-12 ニュージーランド（1995年W杯南アフリカ大会決勝）

W杯で初めて延長戦になり、お互いトライが1つもなかった伝説のゲーム。この南アフリカの快進撃を描いた物語が2009年アメリカで映画化された。

④フランス 20-18 ニュージーランド（2007年W杯フランス大会準々決勝）

試合開始前のハカに対して、フランス代表選手たちが間近で対峙し、一触即発となった試合。結果は見事、地元開催のフランスが制した。ニュージーランドは6度目のW杯出場にして、初めてベスト4に進出できなかった大会となった。

⑤フィジー 35-31 日本（2007年W杯フランス大会予選プール）

オールブラックスの英雄ジョン・カーワンを監督に迎えた日本は、試合終了までラスト5分の猛攻を仕掛けるも、あと一歩届かず敗戦。

ラグビーメジャースポーツ化作戦

福田 いやあ、これまで大西さんのお話を聞いてきて、ラグビーって本当に面白いスポーツだなって思いました。思ったよりシンプルだったし、いろいろなスポーツの要素も混じっている気もして。最後には注目選手もわかったし、W杯が楽しみすぎる!

大西 そう思っていただければこんなに嬉しいことはありません。

福田 それでW杯がおわったら、ラグビー人気が日本で爆発して野球やサッカーのようなメジャースポーツに一気になったりとかしますかね?

大西 どうでしょう……楽観視はできないと思っています。4年前もそうでした。あの南アフリカ戦で一気にフィーバーが起こりましたが、その熱は続きませんでした。ほかならぬ福田さんもそうでしたよね?

福田 確かに観ていて面白かったんですけど……なんだろう。そこからあまりラグビーに触れる機会がなかったというか。なんとなく時間が過ぎていくうちに忘れていったというか。

大西　そうなんです。鉄は熱いうちに打てと言いますが、新規ファンが興味を持っている間に素早く二の矢、三の矢を放つことができなかった。せっかく興味を持ってくれた人に対してぼくたちラグビーに携わる側の人間がその魅力をうまく伝えることができなかったんです。

もう少し具体的に言うと、今回お話ししてきたような、ラグビーとはどのようなスポーツか。どこを観ると面白いのか、というシンプルなことが伝えられずじまいでした。ラグビーは競技人口が少なく、実際にやったことがある人がとても少ない。だからそうした基本のきを一度教える必要があるんです。

福田　確かに。これが野球とかだったら小さい頃にキャッチボールしたことがあったり、少年野球チームに入ってた人も多いから、ルールも試合の流れも知らず知らずのうちに身についてるんだけどね。

大西　そしてもうひとつすべきだったのは、ラグビーを気軽に楽しむ場所をお膳立てすること。たとえば南アフリカ戦のあと、次戦のスコットランド戦のパブリックビューイングイベントを大々的に行っていたら多くの人が集まったはずです。

福田　あ、絶対行ってましたよ！　多分スポーツ好きの友達とか誘ってたと思います。

大西　ちなみに、今回の日本開催のW杯は試合会場のほかに「ファンゾーン」というパブリックビューイングのスペースが設けられているので、4年前よりは状況はよくなっているかもしれません。

福田　え、そうなの？　今回こそは行ってみよ！

鍵を握るのは子どもだ

大西　そうやって興味を持ってくれる人に観る場所を提供すること。さらにもっと根本的にラグビーが日本でメジャースポーツになる条件を考えてみると、やはりプレーする子どもを増やすことが重要かなと思います。

福田　鶏が先か、卵が先かみたいな話だとは思うけど、やっぱりそもそもプレーしている人がいなかったらメジャーにはなり得ないもんね。

大西　子どもがラグビーを始める。ラグビー人口が全体として増えていく。日本ラグビー全体のレベルが上がっていく。日本代表が勝てるようになる。ファンが増える。そして「自分もやりたい！」という人があらわれる……こんな好循環が生まれれば最高ですよね。そしてW杯後の日本ラグビーにおいて、ひとつ明るいニュースがあります。

福田　えっ、それはなんですか？

新リーグへの期待

大西　先日、日本ラグビー協会副会長の清宮克幸氏が２０２１年からスタートする「新リーグ構想」をぶち上げたのです。まだ詳細は煮詰まっていない印象ですが、完全なプロリーグで「トップ選手の年俸は１億円を超えたい」

「子どもたちが憧れる職業にしたい」と宣言しました。

福田　おーなんかワクワクするね。プロ野球とかJリーグのようなリーグを目指しているのかな。

大西　おそらくそこを見すえているはずです。詳細な構想はW杯後に発表されるそうですが、断片的に出ている情報では、

・今秋のW杯開催12都市を「ORIGIN12」と位置づけ、その12都市を中心としたチームから構成。トップリーグチームが入る可能性も

・AI、ビッグデータを活用したマーケティング、地域との連動資格を審査して参入チームを決定

とのことです。

とにかくこれまで指導者として数々の改革を実行してきた清宮氏のプランだけに、期待してしまいますね。

福田　日本ラグビーの未来は明るい?

大西　間違いありません!

あとがき

最後までお付き合いいいただきありがとうございました。

ワールドカップは開幕しているでしょうか？

日本代表は予選を戦い終えていますか？

いまはただただ、よい結果であることを祈るのみです。

ぼくにはワールドカップにまつわる、誇らしくも、悔しい過去があります。

2007年のフランス大会。予選リーグ最終のカナダ戦で、5対12とリードされて突入したロスタイム、日本代表はボールを懸命につなぎ、右隅に意地のトライを決めます。

残り2点差。この緊張感あふれる場面でキッカーをまかされたのが他ならぬぼくでした。

ゴールは決まり12対12の引き分けで試合終了。この瞬間、日本代表のワールドカップでの連敗が13で止まりました。プロ化の波に取り残され、世界の強豪と水をあけられていた日本ラグビーが暗黒時代からやっと抜け出すことができたのです。

個人的にも特別な感慨がありました。というのもぼくはそれまでずっと「あと一歩」の男だったのです。高校時代は花園の決勝で敗れました。大学時代も全国大会の準決勝止まりでした。いつもいい所までいきながら、手が届かないという負い目があったのですが、あのゴールでやっと確かなものをつかめた。

ただ、悔しかったのは、メディアの扱いがとても小さかったこと。

試合のあとは「これ、帰りの成田空港に出待ちが大勢いるんちゃうかな」と本気で思っていたものです。

それが空港に降りてみれば待っていたのは記者の二人。帰国して新聞を見てみても、はしの方に「日本引き分け」と小さくのっているだけ。

いくら連敗を13で止めても、勝たなければ世間的には意味がない。ふだんラグビーを観ていない一般の人には届かないのだなと痛感させられました。

そういった意味で、2015年の〝3勝〟のインパクトはやっぱり大きかったと感じます。結果を残した日本代表は連日テレビで特集が組まれ、選手ひとりひとりにもかつてないほどのスポットライトがあたりました。

でも、それから4年たったいま。まだまだラグビーはマイナースポーツの域を超えることはできていません。

なぜでしょう。

やっぱりまだまだみんなラグビーをわかっていない。わかっていない、と言うと偉そうですが、シンプルにどんなスポーツか、何が面白いのかという競技そのものの魅力が伝わっていなかったのだと思います。

ぼくは2015年ワールドカップの翌年にジャージを脱ぎました。今度は伝える側に回りたい。そんな想いを解説者の仕事を始めるなかで強くしていきました。

そこにあらわれたのが、今回の本で生徒役をつとめてくれたライターの福田さん。福田さんは4年前の南アフリカ戦を観て少し興味を持ったそうですが、その後ラグビーから遠ざかっていました。

そんなライト層代表の彼のギモンをひもとき、他のスポーツとの比較も交えながらラグビーの本質を見つめ、ぼくなりの面白い観方を伝えたのが本書です。

ラグビーって案外シンプルです。タイトルにあるように「3つのルール」ぐらい覚えておけば細かい知識はいりません。試合の流れをつかみ、ちょっとした視点を持つだけで、ぐんと鮮明に試合が観れるようになります。

2019年、日本でひらかれるラグビーワールドカップは、これまでラグビーに対する関心がゼロの人に、一持ってもらえるまたとないチャンス。そして本書がその橋渡しとなり、一が百にも千にもなり、ラグビー「熱狂者」が増えてくれたらこんなに嬉しいことはありません。

最後に。ぼくはスポーツの価値を信じています。複雑化し閉塞感が増す現代社会ですが、スポーツは変わらず人間的な喜びや感動をもたらしてくれます。来年は東京五輪もあります。マスターズも楽しみです。いつかまたスポーツの現場でお会いしましょう！

2019年8月17日　大西将太郎

著者プロフィール

大西将太郎（おおにし・しょうたろう）

ラグビー元日本代表、解説者。

地元東大阪市の布施ラグビースクールでラグビーを始め、啓光学園高3年で全国高校大会準優勝。高校日本代表では主将をつとめ、スコットランド遠征全勝の快挙を達成。ジャパンラグビートップリーグ（リーグ戦）は通算143試合に出場。2007～08シーズンは「ベスト15」、「得点王」、「ベストキッカー賞」の三冠に輝く。日本代表には同志社大4年時（2000年）に初選出、以降、2008年のサモア戦まで通算33キャップ（試合）に出場。2007年ワールドカップフランス大会のカナダ戦では終了直前に同点ゴールを決め、12-12と引き分けながらも日本代表のワールドカップ連敗記録を13で止めた。 2016年現役引退。現在はJ SPORTSやWOWOWのラグビー解説者として、また2019年ラグビーワールドカップの認知活動および、ラグビーの普及活動のため全国をまわっている。

ラグビーは3つの ルールで熱狂できる

2019年9月25日　初版発行

著者　大西将太郎
発行者　横内正昭
編集人　青柳有紀
発行所　株式会社ワニブックス
〒150-8482
東京都渋谷区恵比寿4-4-9　えびす大黒ビル
電話 03-5449-2711（代表）／03-5449-2716（編集部）

デザイン　金井久幸＋岩本 巧（TwoThree）
カバーイラスト　加納徳博
図表デザイン　工藤北斗
構成　福田晃広（清談社）
校正　玄冬書林
編集　竹林 徹（ワニブックス）
DTP　アクアスピリット
映像提供　J SPORTS
特別協力　ヤマハ発動機ジュビロ、花園ラグビー場
写真　アフロ（81ページ、133ページを除く全て）
印刷　株式会社光邦
製本所　ナショナル製本

ISBN 978-4-8470-9827-7
ワニブックスHP　http://www.wani.co.jp/
WANI BOOKOUT　http://www.wanibookout.com/